Compact Schülerhilfen INTENSIV

Mittelstufe

Englisch
Übersetzung

Deutsch – Englisch
Englisch – Deutsch

Horst Heuring

© 1998 Compact Verlag München
Redaktion: Julia Heller, Dorothee Wich, Thomas Schillo, Christian Schneider
Umschlaggestaltung: Inga Koch
Illustration: Franz Gerg, Thomas Schillo
Printed in Germany
ISBN 3-8174-7036-3
7370361

Inhalt

Wie du mit diesem Buch lernen kannst!	4
Übersetzung ins Englische	5
Satzbau	5
S-P-O: Subjekt, Prädikat, Objekt	6
If-Sätze	7
Relativsätze	9
Zeiten	14
Indirekte Rede	18
Passiv	22
Infinite Formen	26
Partizip	27
Gerund	35
Infinitiv	41
Wortarten	52
Adverbien und Adjektive	53
Steigerung	56
Reflexivpronomen	59
Präpositionen	62
Übersetzung ins Deutsche	76
Textarten und Textformen	77
Stil	78
Kategorie	78
Ton	80
Partizip- und Gerundkonstruktionen	82
Passiv im Englischen – Aktiv im Deutschen	83
of-Genitiv	84
Fremdwörter	85
Übersetzungstexte	87
Lösungen	101

Vorwort

Wie du mit diesem Buch lernen kannst!

Beim Übersetzen werden alle Belange des Spracherwerbs gefordert: Wortschatz, Grammatik, Sprachbetrachtung. Der erste Teil dieses Buches befasst sich in einer Übersicht mit den wichtigsten und häufigsten Erscheinungen des Englischen. Ein stetig ansteigender, der Mittelstufe angepasster Schwierigkeitsgrad wird im zweiten Teil Englisch-Deutsch fortgeführt.

Am Anfang der Kapitel findest du einen Eingangstest, mit dem du herausfinden kannst, wie sicher du schon bist und was du besonders üben musst.

Mit dem Schlusstest am Ende eines Kapitels kannst du deinen Lernerfolg überprüfen!

Regeln findest du neben dem Stoppzeichen in den roten Kästen. Die Beispiele darunter verdeutlichen noch einmal die Lerninhalte.

Tipps und Hinweise stehen in den helleren Kästen. Hier kannst du einige Kniffe lernen, die dir die Übersetzung erleichtern.

Diese Aufgaben sollst du im Buch lösen.

Ein eigenes Heft brauchst du für diese Übungen.

Dieser Löwe zeigt dir die Erholungsseiten. Hier kannst du dich mit Knobelaufgaben entspannen.

Viel Spaß beim Lernen!

Übersetzung ins Englische: Satzbau

Satzbau

TEST 1

Übersetze den folgenden Text ins Englische!
Arbeite konzentriert. Vergleiche deine Übersetzung mit dem Text im Lösungsteil. Zähle deine Fehler und überprüfe, in welche Leistungskategorie du gehörst. Achte vor allem auf *if*-Sätze und Relativsätze!

Besuch in London

Vor einigen Jahren war Josef in London. Er besuchte seinen Freund Sam, der ihn eingeladen hatte. Die Sehenswürdigkeiten, die sie ansahen, beeindruckten die beiden sehr.

Josef machte viele Aufnahmen. Wenn das Wetter besser gewesen wäre, wären die Bilder noch besser geworden.
Sam, der sehr stolz auf seine Hauptstadt ist, zeigte Josef eine Menge Museen, über die Josef immer etwas aufschrieb.

Josef wurde auch der Trafalgar Square und der Buckingham-Palast gezeigt. Wenn er noch einmal dorthin käme, würde er einen besseren Fotoapparat mitnehmen. Der Apparat, den er dabei hatte, war einfach zu schlecht.

Gesamtfehlerzahl

[   ]

Testauswertung:

1 – 3 Fehler: Gut gemacht!
4 – 6 Fehler: In diesem Kapitel genau hinsehen! Damit du noch sicherer wirst.
7 – ... Fehler: Ganz konzentriert ans Werk gehen!

Satzbau

S-P-O: Subjekt – Prädikat – Objekt

Eine Grundregel des Englischen ist, dass immer die Wortstellung **Subjekt – Prädikat – Objekt** eingehalten werden muss. Dies gilt für Haupt- und Nebensätze.

Natürlich	baute	er	die Hütte.
	P	S	O
Of course,	he	built	the hut.
	S	P	O

Im Deutschen ist der Satzbau vielfältiger, weshalb es bei Übersetzungen immer wieder unliebsame Überraschungen gibt.

1 Übersetze die folgenden Sätze ins Deutsche, achte dabei auf die Wortstellung:

1. Als er seine Heimatstadt verließ, war er 23 Jahre alt und hatte seine Lehre beendet.
2. Vor allem wollte er versuchen, in Edinburgh an die Universität zu gehen.
3. Weil der Schüler immer abwesend war, ohne sich zu entschuldigen, wurde er der Schule verwiesen.
4. Wie der Einbrecher in das Kloster eindringen konnte, bleibt bis heute unklar.
5. Im Ausland ist es manchmal leichter, eine Arbeitsstelle zu finden.
6. Bisher weiß niemand, wo sie wohnt.

Satzbau

if-Sätze

Bei der Übersetzung von *if*-Sätzen (Konditional-, Bedingungssätze) in das Englische sind Verwechslungen der Zeiten zu vermeiden. Die drei wichtigsten Regeltypen lauten:

	if-clause (Nebensatz)	*main clause* (Hauptsatz)
Typ I	SIMPLE PRESENT auch: *present progressive, present perfect*	WILL-FUTURE auch: *simple present* (bei Erscheinungen, die immer so sind: *If it rains, the trees get wet.*)
Typ II	SIMPLE PAST	CONDITIONAL I (*would* + Infinitiv)
Typ III	PAST PERFECT	CONDITIONAL II (*would* + *have* + *past participle*)

If you **close** the gate, nobody **will come** in.
If you **closed** the gate, nobody **would come** in.
If you **had closed** the gate, nobody **would have come** in.

2 Übersetze die folgenden Sätze in das Englische. Achte besonders auf die obigen Regeln!

1. Wenn du auf das Hochhaus gehen würdest, könntest du tolle Aufnahmen machen.
2. Ich würde nach Amerika fliegen, wenn ich viel Geld gewinnen würde.
3. Falls es heute Abend nicht regnet, bleiben wir nicht zu Hause.
4. Falls Jim seinen Urlaub noch nicht gebucht hat, muss er sich beeilen.

Satzbau

5. Maja war gestern zu spät da. Wenn sie zum Vorstellungsgespräch nicht zu spät gekommen wäre, hätte sie den Job bekommen.
6. Ich habe keine 20 000 Dollar. Wenn ich 20 000 Dollar hätte, würde ich mir ein schönes Kabriolett kaufen.
7. Wenn Peter gut aufgepasst hätte, wäre der Unfall nicht passiert.
8. Das Auto hätte die Katze nicht überfahren, wenn sie schneller gelaufen wäre.
9. Hätte der Zug keine Verspätung gehabt, wären wir um drei Uhr angekommen.
10. Wenn du ihm nicht glauben würdest, würdest du es nicht tun.
11. Wenn du zu mir kommst, zeige ich dir, wie man diesen Kuchen backt.
12. Wenn du das Buch gelesen hast, gib es mir zurück.
13. Die Polizistin wird dir keinen Strafzettel geben, wenn du nett zu ihr bist.
14. Wenn der Brief heute käme, könnte ich ihn noch heute beantworten.
15. Wenn diese Jugendherberge voll ist, gehen wir woanders hin.

I would buy an island if I were a star.

Satzbau

Relativsätze

> Kommen Relativsätze in der Übersetzung vor, musst du zwischen **notwendigen** und **ergänzenden Relativsätzen** unterscheiden. Die notwendigen sind für das Satzverständnis erforderlich, die ergänzenden Relativsätze könnte man weglassen.

This is the sidewalk on which I fell so badly.

> Bei den ergänzenden Relativsätzen musst du immer **Kommata** setzen! Bei den notwendigen Relativsätzen kann das Relativpronomen entfallen, wenn es ein direktes Objekt ist.

There is Mr Miller, who is a friend of mine.
The book (that) I talked about.

Die Relativpronomina in **notwendigen Relativsätzen:**

	gesprochenes Englisch		Schriftenglisch	
	Personen	Sachen	Personen	Sachen
Subjekt	who/that	that/which	who	that/which
Objekt	–/who/that/whom	–/that/whom	whom	which
Objekt mit Präposition	–/who/that + Präp.	–/that +Präp.	Präp.+ whom	Präp.+which/ whom+Präp.
possessiv	whose	whose/ of which	whose	whose/ of which

(– bedeutet: Relativpronomen kann entfallen)

Satzbau

Die Relativpronomina in **ergänzenden Relativsätzen:**

	Personen	Sachen
Subjekt	*who*	*which*
Objekt	*whom*	*which*
Obj. mit Präp.	Präp. + *whom*	Präp. + *which*
possessiv	*whose*	*whose, of which*

3 Übersetze die folgenden Sätze! Betrachte die Relativsätze genau:

21.6.04

1. Die Bodenschätze, die wir auf dem Mars finden können, sind nutzlos.
2. Die Decke, auf der wir liegen, ist sehr weich.
3. Die Warnung, von der wir gehört hatten, war überaus begründet.
4. Die grüne Hecke in unserem Garten, den wir gut pflegen, ist voller Insekten.
5. Die Wüste, durch die wir gerade laufen, heißt Death Valley.
6. Meine Vorfahren, die in Italien lebten, hießen Gucci.
7. Die Sklaven, die auf Baumwollplantagen arbeiteten, kamen meist aus Afrika.
8. Die Armut, die in Amerika in vielen Gegenden herrscht, muss bekämpft werden.
9. Das ist das Lebensmittelgeschäft, in dem ich oft einkaufe.
10. Das Reservat, dessen Einwohner Indianer sind, liegt im Norden von South Dakota.

Ein Relativsatz, der im Deutschen mit „was" beginnt und sich auf den ganzen vorherigen Satz bezieht, wird in der Regel mit *which* übersetzt.

Jane kam gestern nach Hause, was mich sehr freute.
Jane returned home yesterday, which made me very happy.

Satzbau

21.6.04

4 Übersetze die folgenden Sätze, achte auf die Relativsätze:

1. Jack mag ihren Lebensstil nicht, was ihn davon abhält, mit ihr zu leben.
2. Letztes Jahr fuhr ich durch Mexiko, was mir sehr gefiel.
3. Die Schotten werden ihr eigenes Parlament bekommen, was ich voll unterstütze.
4. Ich sah Tränen in ihren Augen, was mich traurig machte.
5. Ich weiß nicht, was er gemacht hat.

Satzbau

Satzbau

21.6.04

TEST 2

Übersetze den folgenden Text:

Das Treffen der Zauberer

Mehrere tausend alte Zauberer sind gekommen, um keltische Musiker aus verschiedenen Teilen Großbritanniens zu beobachten und zu hören. Die meisten der alten Männer, die sich versammelt haben, sagen, falls die Gastgeber nett sind, kommen sie im folgenden Jahr wieder. Einige Kelten aus Frankreich sagen, sie seien von einer belgischen Band fasziniert gewesen. Sie hat wirklich hervorragend gespielt.

Als die Zauberer, die ihre Tricks natürlich niemals verraten, zu Mittag gegessen hatten, gingen sie hinüber nach Silverstone. Falls sie dort den Sonnenuntergang beobachten, haben sie in den nächsten fünf Jahren Glück und brauchen vor bösen Geistern keine Angst zu haben. Nichts störte sie bei der ruhigen Feier, weil sie alle die Regeln einhielten.

Danach wanderten sie zurück in die Versammlungshalle, in der sie von den Organisatoren zum Abendessen eingeladen wurden. Falls sie nicht eingeladen worden wären, hätten sie sich alle mit leerem Magen ins Bett legen müssen. Nach acht Uhr abends können ehrliche Zauberer an diesem Feiertag nämlich nicht mehr zaubern. Falls du diese Geschichte nicht glaubst, würden wir dich gerne nächstes Jahr einladen.

Gesamtfehlerzahl

Testauswertung:

1 – 3 Fehler: Good job!
4 – 6 Fehler: Konzentrierter ans Werk!
7 – ... Fehler: Noch mal wiederholen!

Satzbau

9.3.04

Finde die richtigen Wörter für folgende Erklärungen. Die unten stehende Wortkolonne kann dir dabei helfen. Aus den ersten Buchstaben (zweimal den zweiten!) erhältst du das Lösungswort!

to take a thing from one place to another _ _ _ _ _

a road on which you can go very fast _ _ _ _ _ _ _ _ (2nd letter)

Do not leave your car here! _ _ _ _ _ _ _ _ _ !

a car in which you can transport many things _ _ _

a situation which is very dangerous _ _ _ _ _ _ _ _ _

a device that cools the engine _ _ _ _ _ _ _ _

if you drive as quickly as you can, you go at _ _ _ _ _ _ _ _

to start an engine, you turn on the _ _ _ _ _ _ _ _

many people can travel in a _ _ _

a big and expensive car _ _ _ _ _ _ _ _ _

you need it to be able to see something when you drive a car at night _ _ _ _ _ _ _ _ _ (2nd letter)

headlightemergencynoparkingradiatorcarrytopspeedmotorwayvanignitionbuslimousine

Lösungswort: _ _ _ _ _ _ _ _ _ _

Zeiten

Zeiten

TEST 3

In diesem Kapitel betrachten wir schwerpunktmäßig die verschiedenen Steigerungsformen, die Zeiten und die Unterscheidung der Formen von *-self/-selves* und *each other*. Im folgenden Eingangstest kannst du sehen, wie gut du auf dieses Kapitel vorbereitet bist. Übersetze:

Schüler mögen Prüfungen

Es gibt Schüler, die sich immer darauf freuen, Prüfungen zu schreiben, und die scharf darauf sind, dem Lehrer zu zeigen, wie viel sie gelernt haben. Sie müssen glücklich darüber sein, wenn eine Prüfung der Übersetzung ähnlich war, die sie im Unterricht gemacht hatten.

Um bessere Noten zu schreiben, bereiten wir die Tests sorgfältig vor. Weil wir genau wissen, was wir lernen müssen, schreiben wir oft gute Noten. Gestern warteten wir darauf, dass der Lehrer uns die Testblätter gab. Wir schauten uns hoffnungsvoll an. Ich sagte zu mir selbst: „Viel Glück!"

Aber wir waren überrascht, dass die Japanisch-Prüfung schwieriger war als erwartet. Wir mussten einhundert Wörter über Tokio schreiben, die Hauptstadt von Japan, obwohl wir gehofft hatten, über Nagasaki berichten zu dürfen.

Gesamtfehlerzahl

Testauswertung:
0 – 4 Fehler: Sehr gut!
5 – 8 Fehler: Befriedigend
9 – ... Fehler: Gut aufpassen in diesem Kapitel!

Zeiten

Zeiten

Wie du weißt, sind die Zeiten im Englischen nicht nur sehr wichtig, sondern auch sehr schwierig. Hier folgen nur einige kontrastive Beispiele, die die wichtigsten Regeln des Zeitengebrauchs im Hinblick auf die Übersetzung vom Deutschen ins Englische veranschaulichen sollen.

simple present: Gewohnheit (a), aufeinander folgende konditionale (b) und temporale (c) Nebensätze

Alexander liest regelmäßig Zeitungen. (a)
Alexander *reads* newspapers regularly.
Wenn du ihn gut kennst, warum sprichst du nicht mit ihm? (b)
If you *know* him so well, why won't you talk with him?
Ich sage nichts, bis mein Anwalt auftaucht. (c)
I won't say anything until my lawyer *shows* up.

present progressive: gerade ablaufende Handlungen (a), Pläne, Vorhaben (b), vorübergehende Gewohnheiten (c)

Alexander liest gerade eine Zeitung. (a)
Alexander is just *reading* a newspaper.
Ich besuche meine Eltern heute Nachmittag. (b)
I *am visiting* my parents this afternoon.
Mein Rad ist kaputt, darum benutze ich zur Zeit die U-Bahn. (c)
My bike is broken, that's why I'*m taking* the underground at the moment.

Zeiten

simple past: abgeschlossene Handlung in der Vergangenheit (a), aufeinander abfolgende Handlungen in der Vergangenheit (b), Gewohnheit in der Vergangenheit (c)

Letztes Wochenende ist mein Bruder zum Rollschuhlaufen gegangen. (a)
My brother *went* roller-skating last weekend.
Vor einer Stunde verließ ich das Haus, ging in den Park und genoss die Natur. (b)
An hour ago I left the house, went to the park and enjoyed nature.
Vor ein paar Jahren bin ich viel Ski gelaufen. (c)
A couple of years ago I went skiing a lot.

nature ohne Artikel, da in allgemeinem Sinne gebraucht!
Aber: „die Natur seines Wesens" = *the nature of his character* (speziell!)

present perfect simple: resultativ (a), summarisch (b), Zeitraum aus Vergangenheit bis in die Gegenwart reichend (c); Zeitraum wie (c), Übersetzung meist Präsens (d)

Wir haben die Fenster geöffnet, um frische Luft hereinzulassen. (= Sie sind geöffnet) (a)
We *have opened* the windows to let fresh air in.
Sie haben die Ausstellung schon dreimal besucht. (b)
They *have* already *visited* the exhibition three times.
Wir haben uns seit letztem Juli (seit einem Jahr) nicht mehr gesehen. (c)
We *haven't met* since last July (*for* one year).
Er *trinkt* seit einem Monat keine Milch mehr. (d)
He *hasn't drunk* milk for more than a month now.

Zeiten

5 Übersetze die folgenden Sätze ins Englische, richte dein Augenmerk auf die Zeiten:

1. Er sagte vor fünf Minuten, er würde gerne etwas Saft haben, aber seit einem Monat trinkt er nur noch Milch. Er würde auch gerne ein Sandwich essen. Obwohl er Sandwiches nicht besonders möge, würde er sie dennoch gerne probieren.
2. Ich wollte ihm gestern mitteilen, dass er in der Lage ist, diese Tour zu bewältigen. Er hat schon viel trainiert und ist sehr gut vorbereitet. Wir beginnen die Fahrradtour morgen früh.
3. Jake hat noch niemals vergessen, die Briefe seiner Mutter aufzugeben. Diese Woche jedoch macht sie es selbst, weil Jake in einem Ferienlager ist. Sie ruft ihn dort täglich an, damit er sich nicht zu einsam fühlt.
4. Franks Brieffreund in Österreich hört nicht auf, ihm jedes Jahr schöne Berge zu zeigen. Dieses Jahr tut es Frank Leid, ihm mitteilen zu müssen, dass er nicht kommen wird. Er wurde von seinem Onkel nach Australien eingeladen. Frank hatte vergessen, dass er seinen Onkel gebeten hatte ihn einzuladen, weil er sein Englisch verbessern wollte.
5. Helen kauft jedes Wochenende interessante Bücher. Sie liest seit vielen Jahren Kriminalromane. Sie sagt, es gebe keinen besseren Zeitvertreib.
6. Jim hat die Eingangstür schon geöffnet, damit Mike die Einkaufstüten sofort durch die offene Tür in die Küche tragen kann.
7. Gestern bedauerte ich, dass ich als Arbeitgeber so viele Angestellte ausstellen musste. Heute bedauere ich, sagen zu müssen, dass ich sogar noch mehr entlassen muss.

Zeiten

6 Welche Sätze gehören zusammen? Übersetze danach die deutschen Sätze ins Englische, wobei du auf die richtige Zeit achten musst:

9.3.

1. If you treat him nicely, ...
2. If you go to this discotheque, ...
3. If people read more newspapers, ...
4. If you went to see that film, ...
5. If they had met her in London, ...

a. ... lernst du vielleicht nette Freunde kennen.
b. ... wären sie mit ihr ausgegangen.
c. ... würdest du lernen, wie man Computer bedient.
d. ... wären sie gebildeter.
e. ... wird er dir immer helfen.

Indirekte Rede

Auf folgende Regeln musst du achten, wenn du Textstellen mit indirekter Rede übersetzen musst:

Modal verbs
Bei den modalen Hilfsverben sieht die Umwandlung wie folgt aus:

Direkte Rede:	He said to her: "You may do it."
Indirekte Rede:	He said to her she might do it.
Übersetzung:	Er sagte zu ihr, sie **dürfe** es tun.

may → might can → could, was/were not able to
shall → should will → would
must → had to needn't → didn't have to
mustn't → was/were
    not allowed to

Might, would, should, ought to, could, used to, would like to bleiben unverändert, wenn sie schon in der direkten Rede erschienen sind.

Zeiten

Er sagte zu mir, dass ich meine Hausaufgaben machen müsste und dass ich nicht wieder die Zeit vergeuden solle.
He told me that I had to do my homework and shouldn't waste time again.

Adverbials
Bei den Adverbialen des Ortes und der Zeit verhält sich die Umwandlung wie im Deutschen. Dennoch solltest du diesen Wortschatz sicher beherrschen.

He thought: "They are here."
He thought they were there.
Er dachte, sie seien da.

place	here →	there
time	today →	that day
	next week →	the following week
	yesterday →	the day before
	tomorrow →	the next/ following day
	last month →	the month before/ the previous month
	now →	then
	two days ago →	two days before
	in three weeks →	three weeks later

this/these

this → that/the/it/the one   these → those/they/the ones

He told them: "This car is great."
He told them the car was great.
Er sagte, dieses Auto sei großartig.

Zeiten

Tenses

Bei den Zeiten musst du die unten stehenden Regeln auswendig können. Hier zwei Beispiele:

They reported: "We **know** that he **will** come."
They reported that they **knew** that he **would** come.
Sie berichteten, dass sie **wüßten,** dass er kommen **werde.**

Zeitenverschiebung bei indirekter Rede:

simple present	→ *simple past*
he goes	→ he went
present progressive	→ *past progressive*
he is going	→ he was going
present perfect simple	→ *past perfect simple*
he has gone	→ he had gone
present perfect progressive	→ *past perfect progressive*
he has been going	→ he had been going
simple past	→ *past perfect simple*
he went	→ he had gone
past progressive	→ *past perfect progressive*
he was going	→ he had been going
past perfect simple	→ *past perfect simple*
he had gone	→ he had gone
past perfect progressive	→ *past perfect progressive*
he had been going	→ he had been going

Zeiten

Denke daran, dass im **Deutschen** bei der indirekten Rede immer der **Konjunktiv** I oder II steht:

Indikativ	Konjunktiv I	Konjunktiv II
er hat	er habe	er hätte

7 Übersetze den folgenden Text ins Englische:

1. Jane war in einer australischen Familie als Gast untergebracht. Sie kam aus England und sollte ein halbes Jahr auf dem Fünften Kontinent verbringen. Sie sagte der Familie, die aus den Eltern und den Töchtern Sally und Sue bestand, dass es ihr an der Gesamtschule sehr gut gefalle.
2. Sie sagte aber anfangs auch, dass sie Heimweh habe und sehr oft an zu Hause denke. Sie betonte immer wieder, dass ihr die Strände von Sydney gefielen und sie es genieße, die Sonne für Sonnenbäder zu nutzen.
3. Aber wegen des Ozonloches müsse sie Sonnenmilch mit hohem Lichtschutzfaktor auf die Haut auftragen. Und sie beschwerte sich oft, dass diese Sonnenmilch sehr teuer sei.
4. Einmal sagte sie, sie habe ein Geschäft entdeckt, wo die Milch etwas billiger sei, aber sie glaube, dass die Qualität nicht den Standards entspreche.
5. Sie teilte Sally mit, dass es wirklich sehr schade sei, dass die Umweltverschmutzung solche verheerenden Folgen habe. Sie fragte sich, warum die Industrienationen dieser Welt es nicht verstünden, den Treibhauseffekt und den Ausstoß von FCKW drastisch zu verringern.
6. Es müsse doch möglich sein, den Lebensstandard aufrecht zu erhalten, ohne die Lebensbedingungen der Menschheit zu zerstören, forderte sie.

Zeiten

Passiv

In Übersetzungen werden häufig passive Strukturen verlangt. Wiederhole die Bildung des Passivs, wobei du vor allem auf das persönliche Passiv achten solltest.

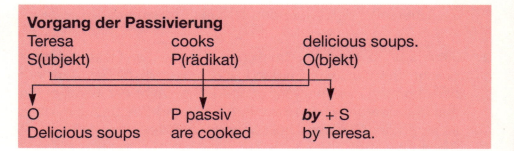

Formen	simple	progressive
present	it is painted	it is being painted
past	it was painted	it was being painted
present perfect	it has been painted	-
past perfect	it had been painted	-
will-future	it will be painted	-
modal	it can be painted	-
future perfect	it will have been painted	-
modal perfect	it could have been painted	-

Weitaus häufiger als im Deutschen wird im Englischen das Passiv für eine **kurze Ausdrucksweise** verwendet. Aus diesem Grunde ist es für dich ganz besonders wichtig, die Formen und Regeln der Passivierung zu beherrschen.

The boy was ordered to speak.
Dem Jungen wurde befohlen, zu sprechen.

Zeiten

Im Deutschen ist das im Englischen gebräuchliche persönliche Passiv nicht nachahmbar. Man kann nicht sagen:
*„Der Junge wurde befohlen, zu sprechen."
(* bedeutet: ungrammatisch)
Deshalb muss man sich im Deutschen **unpersönlich** ausdrücken: „Es wurde ihm befohlen, zu sprechen."
Oder: „Man befahl dem Jungen, zu sprechen."

 8   Übersetze die folgenden passiven Sätze:

1. Hätten die Wörter von ihm besser ausgesprochen werden können?
2. Die Mehrheit der Amerikaner ist gut informiert.
3. Der Ozean wurde vom stürmischen Wind aufgepeitscht.
4. Letztes Jahr wurden großartige Ideen von Wissenschaftlern hervorgebracht.
5. Die schwarzen Stiefel werden von Emily geputzt werden.
6. Die U-Bahn ist schon seit drei Tagen geschlossen.
7. Viele Verbrechen werden von Detektiven gelöst.
8. Der walisische Dialekt kann nicht von jedem verstanden werden.
9. Jim wurde aufgetragen, den Brief nach Japan zu schicken.
10. Das Auto hätte von ihr repariert werden können.

Zeiten

TEST 4

Übersetze den Text. Die Fehlerzahl zeigt dir an, wie gut du die Regeln verstanden hast.

Eine Reise in Ägyptens Vergangenheit

Wie hätten die Ägypter wohl gelebt, wenn sie unsere Maschinen gehabt hätten? Stellen Sie sich vor, wie ihr Leben aussah. Es war nicht so leicht und angenehm wie unseres im 20. Jahrhundert. Sie mussten körperlich härtere Arbeiten als wir verrichten. Denken Sie nur an die höchsten Bauwerke der damaligen Welt, die Pyramiden. Während diese gigantischen Bauten errichtet wurden, starben mehr Sklaven als in manchem Krieg des Mittelalters. Ich hoffe, Sie denken nicht, dass sie nur Pyramiden errichteten. Sogar über den Nil bauten sie breitere Brücken, als je zuvor ein anderes Volk es gewagt hatte.

Die Ägypter waren in der Lage, die Wildnis zu zivilisieren und sich Ackerbau und Viehzucht zu leisten. Leider quälten die Pharaonen viele Sklaven, indem sie immer mehr neue Pyramiden planten. Sie bauten sie auch immer weiter von der Hauptstadt entfernt.

Nur wenige Einwohner konnten es sich gut gehen lassen. Sie gehörten zur Oberschicht. Die Sklaven wurden nicht wie Menschen behandelt. Das Leben war nur für die Bürger schön, die den Göttern am nächsten waren – und das war das Umfeld der Pharaonen.

Gesamtfehlerzahl
[   ]

Testauswertung:

0 – 4 Fehler: Toll gemacht!
5 – 8 Fehler: Akzeptabele Leistung. Du kannst schon gut übersetzen.
9 – ... Fehler: Wiederhole die Regeln. Dann wirst Du fit!

Zeiten

II   9.3.

Sicherlich hast du nach so viel Arbeit Hunger. Jetzt wird dir der Mund wässrig gemacht! Die Anfangsbuchstaben der gesuchten Wörter ergeben das schmackhafte Lösungswort. In den Klammern stehen jeweils die benötigten Buchstaben in falscher Reihenfolge.

_____ a liquid you need to make a salad delicious (reviang)

_____ this is what a chicken lays every once in a while (geg)

_____ that is what you have when you are very hungry (teaptipe)

_____ a beverage you drink when you are thirsty (moadlene)

_____ a little red fruit with a pip in it (yrhcer)

_____ the country where turkey is eaten on Thanksgiving Day (AUS)

_____ It is not coffee, but ... (eat)

_____ a little, sour, yellow fruit (melon)

_____ very good meals are ... (tcenllxee)

_____ bread the English eat in the morning (stota)

25

Infinite Formen

Infinite Formen

TEST 5

In diesem Kapitel werden die oben genannten drei Schwerpunkte gesetzt. Beachte schon beim Eingangstest diese grammatischen Problembereiche. Übersetze:

Der Archäologe

Als Kind träumte mein Nachbar Ben davon, eines Tages geheime Schätze alter Könige zu finden. Er hatte viele Bücher gelesen und liebte die Legenden, die von großartigen Taten und spannenden Geschichten berichteten.

Nachdem er die Schule verlassen hatte, entschloss sich Ben, Archäologie zu studieren, und ging an die Universität. Er war nicht begeistert davon, die theoretischen Kurse zu besuchen. Sein Interesse führte ihn zu den Ausgrabungen, die ihn nach seiner Universitätszeit nach Großbritannien lockten.

Er begeisterte sich dafür, die Überreste der Stämme auszugraben, die sich dort angesiedelt hatten. Übrigens gelang es den Römern nie, die Kelten im Norden der Insel zu unterwerfen und ihre Siedlungen einzunehmen. Sie vermieden es, gegen die Barbaren zu kämpfen, und errichteten eine Mauer – den Hadrianswall.

Erst gestern sagte Ben mir, dass es richtig gewesen sei, diese Karriere einzuschlagen. Er sei immer noch überzeugt, dass es sich lohne, diese Ausgrabungen durchzuführen. Er erwarte, nächstes Jahr einen spektakulären Fund zu machen.

Gesamtfehlerzahl
[   ]

Testauswertung:

0 – 4 Fehler: Prima!
5 – 8 Fehler: Schon recht gut.
9 – ... Fehler: Konzentration beim nächsten Kapitel!

Infinite Formen

Partizip

Es gibt im Englischen folgende Formen des Partizips (deutsch: Mittelwort; z.B. singend, gesungen):

	active	*passive*
present participle	Infinitiv + *-ing*	
	helping	*being helped*
past participle	Infinitiv + *-ed*	*helped*
	(Ausnahme: unregelmäßige Verben)	
perfect participle	*having helped*	*having been helped*

Das Partizip kann wie ein **Adjektiv** verwendet werden:

the rapidly *growing* city — die schnell wachsende Stadt
a never-*ending* road — eine endlose Straße
the *rising* unemployment rate — die steigende Arbeitslosenrate

Nach Verben der Wahrnehmung und nach Verben der Ruhe steht das Partizip ganz besonders häufig.

Verben der Wahrnehmung:
to look, to appear, to seem, to feel, to sound

The manager felt surrounded by various pressure groups.
Der Manager fühlte sich von verschiedenen Interessengruppen bedrängt.

Wird der Ablauf des Vorgangs betont, steht das Partizip, wird das **Resultat** betont, steht der **Infinitiv.**

Infinite Formen

I saw him *opening* the door.
Ich sah ihn, als er dabei war, die Tür zu öffnen.
I saw him *open* the door.
Ich sah, dass er die Tür öffnete. (Die Tür war dann auf.)

Verben der Ruhe:
to sit, to remain, to lie, to stand

He sat waiting for the jury's decision.
Er saß da und wartete auf die Entscheidung der Geschworenen.
Please remain seated.
Bitte bleiben Sie sitzen. (Bitte bleibt sitzen.)

 9 Folgender Wortschatz aus der Welt der Arbeit soll in den unten stehenden Lückentext eingefügt werden. Lerne die Wörter und setze richtig ein.

job	Beschäftigung, Arbeit(-sstelle)
letter of recommendation	Empfehlungsschreiben
wanted advertisement	Stellenanzeige
salary	Gehalt
technician	Techniker
trade union	Gewerkschaft
vacancy	freie Stelle
application	Bewerbung
employer	Arbeitgeber
income	Einkommen

Infinite Formen

to be on the dole	arbeitslos sein
to enter upon a career	eine Laufbahn einschlagen
to work overtime	Überstunden machen

Last May James Pettigrew, a _____, read a _____ in the newspaper. This _____ was of great interest to him, because he was _____ at that time. He was even ready to _____, even though the _____ did not want employees to do that. He wanted that _____. He called the _____ and told him that he wanted to _____ described in the wanted ad. He had to send an _____ to the company's office and was to enclose a _____. The _____ he was offered during the interview a day later satisfied him. It secured him a monthly _____ out of which he could make a decent living.

10 Übersetze die folgenden Sätze:

1. Der Computerkurs war interessanter, als Manfred erwartet hatte.
2. Unerwartet kam Mirinda aus London zurück. Leider hatte ihr Mann noch nichts vorbereitet.
3. Die neue Geschichte des Autors war interessant erzählt.
4. Der sehr bekannte Athlet gibt morgen eine Autogrammstunde im Kaufhaus. Alle Interessierten sollen sich um 14.00 Uhr einfinden.
5. Peter saß in seinem Auto und dachte über seine nächste Auslandsreise nach.
6. Die umliegenden Dörfer sind viel interessanter als die Metropole selbst. Die auffallend gut erzogenen Kinder dort sind überaus gastfreundlich und zeigen jedem Besucher bereitwillig die professionell restaurierten Kirchen und Museen. In den gründlich gereinigten Restaurants isst man gut.
7. Jim schien müde. Er sah nach der letzten Etappe schon sehr erschöpft aus. Er saß auf seinem Sattel und radelte viele Tausend

Infinite Formen

Kilometer, um dem Tourziel konsequent näherzukommen. Er war verärgert, weil ihm seine Teamgefährten nicht geholfen hatten. Er fühle sich im Stich gelassen von seinen Helfern, sagte er in einem Interview. Diese Aussage schien übertrieben, obwohl Jim immer ein Realist gewesen war.

8. Jenny kam in das Zimmer gerannt und bat jeden, ihr genau zuzuhören.
9. Sie lag da und dachte konzentriert über ihre Zukunft nach.
10. Der Nachbar stand in seinem Garten und hörte dem Grollen des Gewitters zu. Das Wetter schaute wirklich bedrohlich aus.

Deutsches „lassen" – englische Partizipialkonstruktion

Vater ließ den Drachen fliegen.
Father sent the kite flying.
Sie ließen die Kinder unbeobachtet.
They left the kids unobserved.
Lass mich nicht warten!
Do not keep me waiting.

Beachte: *to keep* + Objekt + Adjektiv heißt häufig „halten":

She kept the flowers fresh by putting them in water.
Sie hielt die Blumen dadurch frisch, dass sie sie in Wasser stellte.

„lassen" im Sinne von „etw. von jmd. anderem machen lassen" wird häufig mit *to have* + Objekt + *past participle* ausgedrückt:

He had his car washed.   Er ließ sein Auto waschen.

Weitere Möglichkeiten, „lassen" auszudrücken:

Sie ließ ihn ein Buch schreiben. (Sie ließ es zu, erlaubte es.)
She let him write a book.

Infinite Formen

Sie ließ ihn ein Buch schreiben. (Sie zwang ihn dazu.)
She made him write a book.
Sie ließ ihn ein Buch schreiben. (Sie überredete ihn, beauftragte ihn, dies zu tun.) She had him write a book.

Beachte: Das deutsche Modalverb „sollen" wird im Englischen je nach Sprechabsicht übersetzt. Hier die Fallbeispiele:

(a) Angebot, Vorschlag: Shall I translate this text for you?
(b) Verpflichtung: You should be more polite to people.
    (Moral; Vernunft)
(c) Wahrscheinlichkeit: This bag should do for your clothes.
(d) Befehl (eines Dritten): You are to call your girlfriend, Tom.
(e) Verpflichtung, Vereinbarung: He was supposed to come here.
    She's supposed to pick me up at 9.
(f) Vermutung, Gerücht: Carl is supposed to be the best player.

11 Welche Sprechabsicht beinhaltet der Satz? Trage den entsprechenden Buchstaben (siehe oben) ein.

1. Pam is supposed to have broken the window. ___
2. James is to report to Mrs Miller in the office. ___
3. I was supposed to round up the cattle. ___
4. Shall we meet at four in the afternoon tomorrow? ___
5. You should not have bought that expensive car. ___
6. The weather should be good the next week. ___

Infinite Formen

12 Übersetze die folgenden Sätze ins Englische und beachte dabei die oben aufgeführten Konstruktionen:

1. Lass mich dir doch helfen. Französisch ist nicht so schwer. Du wirst im nächsten Test eine gute Note schreiben, wenn du dir die Grammatik (von jemandem) erklären lässt.
2. Viele Handwerker lassen Botengänge von Lehrlingen ausführen. Es wäre viel besser, wenn sie ihre Gesellen den Lehrlingen etwas Sinnvolles beibringen lassen würden.
3. Der Polizist ließ die Verdächtigen sich mit dem Gesicht zur Wand aufstellen. Dann ließ er sie sich hinknieen.
4. Michaels Eltern ließen uns fast alles machen, als wir unsere Ferien an der herrlichen Nordseeküste verbrachten. Sie ließen uns in die Stadt gehen und durch das Einkaufszentrum bummeln, sie ließen uns Boot fahren und sie ließen uns auch zu einem Volleyballturnier fahren. Doch in einem Punkt waren sie unnachgiebig: Sie ließen uns immer um zehn Uhr abends nach Hause kommen.
5. Frank ließ sein Haus von einem berühmten Architekten bauen.
6. Lass mich nicht so lange in diesem abscheulichen Saal warten!
7. Er ließ die Kinder unbeaufsichtigt auf dem Spielplatz zurück.
8. Er schickte die Kinder jeden Morgen zum Einkaufen.
9. Ich spürte das Insekt über meinen Unterarm kriechen.
10. Ich bemerkte, wie sie das Haus betrat.

13 Was gehört in die Lücken? *do* oder *make*? Setze in der richtigen Form ein:

"What are you _____ in the kitchen, Sandy?" – "I'm cooking. Why?" – "What are you cooking, dear?" – "Chicken, love." – "May I _____ a request?" "Let me _____ my business." – "_____ no mistake, hon." – "This curry chicken will _____ some impression on you. I'm sure you'll love to _____ the washing-up after!" – "I'll _____ no more remarks. OK?"

Infinite Formen

Das **Partizip** kann auch **anstatt eines Nebensatzes** stehen. Dies ist vor allen Dingen wichtig für die spätere Übersetzung aus dem Englischen ins Deutsche.

Relativsatz
They were entering the church built by Miller in 1839.
Sie betraten die Kirche, die im Jahre 1839 von Miller erbaut wurde.
wörtlich (aber unschön): ... Kirche, gebaut von Miller ...

Adverbialsatz
Although instructed splendidly, the student failed the examination.
Obwohl er glänzend unterrichtet worden war, fiel der Schüler bei der Prüfung durch.
wörtlich (aber unschön):
Obwohl glänzend unterrichtet, fiel der ...

Es gibt folgende Adverbialverhältnisse: **temporal, kausal, modal, konditional, konzessiv**. Falls keine Konjunktion steht (wie oben *although*), muss das adverbiale Bezugsverhältnis aus dem Kontext (Textzusammenhang) erschlossen werden!

Having been very ill the week before, McLeod could not play well in the match.
Weil McLeod die Woche zuvor sehr krank gewesen war, konnte er kein gutes Spiel machen. (kausal)

Modal, kausal, temporal und kopulativ („und") kann das **unverbundene Partizip** stehen.

The match finished, the popular coach retired.
Als das Spiel beendet war, ging der beliebte Trainer in Ruhestand.

Infinite Formen

with + noun + participle
With the sun setting, we went to bed.
Als die Sonne unterging, gingen wir ins Bett.

14 Übersetze die folgenden Sätze und beachte dabei vor allem die Partizipialkonstruktionen:

1. Die Smiths waren voller Hoffnung, nachdem sie ein eigenes Geschäft eröffnet hatten. Weil die Banken hilfreich gewesen waren, war es der Familie gelungen, diesen mutigen Schritt in eine möglicherweise bessere Zukunft zu tun.
2. Viele Leute, die außerhalb des Stadtviertels wohnten, scheuten den weiten Weg nicht, um zu dem Geschäft zu kommen.
3. Jessica, deren Zimmer im zweiten Stock liegt, konnte den Hartgummiball sehen, der durch die Luft segelte und im Ladenfenster landete.
4. Dieser Ball, der von den Jugendlichen geschleudert worden war, zerstörte viele kostbare Vasen, die in der Auslage standen und der Familie viel bedeuteten, da sie alte Erbstücke waren.
5. Als diese Vasen also zerbrachen, wachte Jessicas Vater auf und rannte verwirrt in seinen Laden.
6. Als er dort das Durcheinander sah, fing er an zu weinen. Schockiert stand er vor den Scherben.
7. Obwohl er natürlich wusste, dass die Polizei ihn beschützen würde, hatte Herr Smith Angst. Da diese betrunkenen Jungen noch immer auf dem Gehsteig herumtanzten, fühlte er sich bedroht.
8. Als er sich wieder unter Kontrolle hatte, begab er sich in das Wohnzimmer und rief die Polizei an, die keine fünf Minuten später bei ihm eintraf.

Infinite Formen

Gerund

> Die andere *-ing*-Form des Verbs, das Gerund, kann im Englischen in nachfolgenden Fällen verwendet werden. Du musst in der Übersetzung ins Deutsche die vorliegende Konstruktion erkennen und anwenden. Der Unterschied zum Partizip muss dir bewusst sein. Das Gerund kannst du immer daran erkennen, dass du es **durch *it* ersetzen** kannst.

Gerund (*-ing*-Form):

He is good at	singing songs.
He is good at	it.
They are happy about	going home.
They are happy about	it.

Partizip (*-ing*-Form):

a learning boy	*falsch:* an it boy
a boy learning words	*falsch:* a boy it words

Das Gerund als Subjekt

Spazierengehen ist mein Zeitvertreib.
Going for walks (It) is my pastime.

> Ausdrücke, bei denen das Gerund steht, sind zum Beispiel:
> | | |
> |---|---|
> | it's no use ... | es hat keinen Zweck ... |
> | there is no ... | es kann nicht ... |
> | it is no good ... | es ist zwecklos ... |
> | it is worth while ... | es lohnt sich ... |

It is no use thin**king** about it.
Es hat keinen Zweck, darüber nachzudenken.

Infinite Formen

Das Gerund als Objekt

He avoided calling her.
S   P   O
Er vermied es, sie anzurufen.

Nach folgenden Verben steht das Gerund als Objekt:
admit (zugeben), *avoid* (vermeiden), *delay* (verzögern), *dislike* (nicht mögen), *enjoy* (Freude haben an), *escape* (entkommen), *excuse* (entschuldigen), *fancy* (sich etwas vorstellen), *finish* (beenden), *mind* (etwas dagegen haben), *miss* (verpassen), *practise* (üben), *risk* (wagen), *stop* (aufhören), *I cannot avoid/help* (nicht umhin können), *go on/keep on* (weitermachen mit), *put off* (aufschieben)

Er konnte nicht umhin, ihn noch einmal zu besuchen
He could not help **visiting** him again.
Sie hatten Freude daran, ihr das Skifahren beizubringen.
They enjoyed **teaching** her how to ski.

Vergiss nicht, dass die Bedeutung sich bei den folgenden Verben danach richtet, ob Infinitiv oder Gerund folgt.

Jim **stopped looking** for his pen, as he had to leave. *(aufhören)*
Jim hörte auf, nach seinem Füller zu suchen, weil er gehen musste.
At the desk, Jim **stopped to look** for his pen. *(innehalten)*
Jim blieb am Schreibtisch stehen, um nach seinem Füller zu suchen.

He **tried to clean** his knife. He did not succeed. *(versuchen mit Hinblick auf Erfolg)*
He **tried cleaning** his knife with different cloths. One worked excellently. *(mehrere Möglichkeiten ausprobieren)*

Infinite Formen

Remember to call Dad this evening.
Denke daran, Vater heute Abend anzurufen.
Can you **remember** meeting him in 1995?
Erinnerst du dich, wie du ihn 1995 getroffen hast?

He **forgot** to tell me his new joke.
Er vergaß, mir seinen neuen Witz zu erzählen.
I'll never **forget** hearing his latest joke. It went like this ...
Ich werde nie vergessen, wie ich seinen letzten Witz hörte. Er ging folgendermaßen ...

I **regret** to have to tell you this story, madam.
Es tut mir Leid, gnädige Frau, Ihnen diese Geschichte erzählen zu müssen.
She **regretted** listening to his advice.
Sie bedauerte es, auf seinen Rat gehört zu haben.

Remember, forget, regret: Gerund zeigt in die Vergangenheit, Infinitiv in die Zukunft.

15 Übersetze und verwende dabei das Gerund:

1. Soo Wong ist ein vernünftiges thailändisches Mädchen, das stets höflich lächelt und vermeidet zuzugeben, dass es die hässlichen Worte ihrer Schulkameraden versteht.
2. Warum hören all die Jungen und Mädchen nicht auf, über sie zu lachen, selbst wenn sie außerhalb der Schule sind und Freizeit haben?
3. Viele amerikanische Kinder sind voreingenommen. Sie haben Freude daran, asiatische Kinder spüren zu lassen, dass sie nicht willkommen sind.
4. Viele Asiaten aber haben etwas dagegen, nach Hause zurückzukehren, weil ihr Zuhause aufgehört hat, ihr Zuhause zu sein.
5. Erst gestern begegnete Soo auf dem Heimweg einem Klassenkameraden. Er blieb stehen, um ihr dumme Fragen zu stellen.
6. Sie wagte es, ihm selbst ein paar Fragen zu stellen. Plötzlich schien er anzufangen, nachzudenken.

Infinite Formen

7. Als sie sich trennten, entschuldigte er sich dafür, so rüde zu ihr gewesen zu sein.
8. Sie versuchte, ihn abends anzurufen. Sie kann sich noch genau daran erinnern, dass sie sehr nervös gewesen war, als sie mit ihm sprach.
9. Sie vereinbarten, sich am nächsten Tag zu treffen und zusammen ins Kino zu gehen. Sie vergaß nicht, ihn am folgenden Tag noch einmal an ihre Vereinbarung zu erinnern.
10. Sie bereute es niemals, mit ihm ins Kino gegangen zu sein.

Gerund nach Präpositionen

Das Gerund kann **nach Adjektiven und Verben mit nachfolgender Präposition** verwendet werden. Will man ein **neues Subjekt** zum Gerund einführen, stellt man es **vor das Gerund**. Nach den Präpositionen der Zeit *(on, after, before, since)*, des Grundes *(from, because of, for)*, des Mittels *(in, by)*, der Art und Weise *(without, with, instead of, in)* und der Einräumung *(in spite of)* können mit dem Gerund auch **Nebensätze** gebildet werden.

Infinite Formen

Adjektive

to be proud of	stolz sein auf
to be glad about	froh sein über
to be accustomed to	gewöhnt sein an
to be angry at	wütend sein über
to be engaged in	beschäftigt sein mit
to be busy doing	"
to be fond of doing	gerne tun
to be far from	weit entfernt sein von
to be free from	frei sein von
to be capable of	fähig sein
to be interested in	interessiert sein an
to be responsible for	verantwortlich sein für
to be tired of	es müde sein, zu tun

Verben

to apologize for	sich entschuldigen für
to insist on	bestehen auf
to look forward to	sich freuen auf
to object to	etw. dagegen haben
to prevent (keep) s.o. from doing s.th.	jmdn. davon abhalten, etw. zu tun
to succeed in	Erfolg haben bei etw.
to thank s.o. for	jmdn. danken für
to accuse s.o. of	jmdn. wegen einer Sache anklagen
to depend on	abhängen von
to rely on	sich verlassen auf

Er war stolz darauf, dass seine Mutter (sie) ihm half.
He was proud of his mother (her) helping him.
Er verließ sich darauf, dass seine Freunde ihn begleiteten.
He relied (counted) on his friends accompanying him.
Sie war fähig, den See zu durchschwimmen.
She was capable of swimming across the lake.

Infinite Formen

Nebensatz mit Präposition:

After swimming I enjoyed the seaside.
Nachdem ich geschwommen war, genoss ich die Küste.
Instead of staying at home, she went to work in a state of poor health.
Anstatt zu Hause zu bleiben, ging sie bei schlechter Gesundheit zur Arbeit.

16 Übersetze die folgenden Sätze. Bilde Nebensätze mit Präpositionen und Gerund.

1. Als Dan Verena sah, wusste er, wie sehr er sie mochte.
2. Obwohl er sie nicht kannte, sprach er mit ihr.
3. Weil er die Party nicht verlassen wollte, rief er seine Eltern an.
4. Sam war wütend, als er Raoul im Café sitzen sah.
5. Nachdem er die Eier gegessen hatte, trank er den heißen Kaffee.
6. Er erlitt gestern eine Herzattacke, weil er immer so viel raucht.

Infinite Formen

Infinitiv

Der Infinitiv steht im Englischen häufig in folgendem Kontext:

– nach **Superlativen**

– nach **bestimmten Verben**
(want, wish, pretend, manage, offer, refuse, learn, hope, promise, decide; nach folgenden Verben kann **Infinitiv (spezieller Fall) und Gerund (allgemeiner Fall)** stehen: *like, love, begin, start, continue, prefer, intend, propose)*

– Nach **direktem Objekt (+ Infinitiv)**

Jack Hamilton is the best footballer **to watch** in the Irish League at the moment.
Im Deutschen mit modalem Relativsatz:
Jack Hamilton ist der beste Fussballer, **den** man momentan in der irischen Liga anschauen **kann.**

I'd **like** to go fishing now. *(speziell)*
Ich würde gerade jetzt gerne angeln gehen.
I **like** going abroad. *(allgemein)*
Ich fahre (generell) gerne ins Ausland.
They **wish** to go abroad.
Sie möchten ins Ausland gehen.
He **refused** to accept the offer.
Er weigerte sich, das Angebot anzunehmen.

Formen des Infinitivs (Grundform des Verbs):

Aktiv	Passiv
(to) help	(to) be helped
(to) be helping	
(to) have helped	(to) have been helped
(to) have been helping	

Infinite Formen

Mit den einzelnen Formen des Infinitivs kann man nur Vor- und Gleichzeitigkeit ausdrücken. Gleichzeitigkeit bedeutet hier, dass die im Infinitiv ausgedrückte Handlung auf derselben Zeitebene stattfindet, auf der das finite Verb steht, auf welches sich der Infinitiv bezieht. Vorzeitigkeit bedeutet dann logischerweise, dass die Infinitivhandlung vor der Zeit ablief, in der das finite Verb steht.

Vergleiche:
We must help him.
(Das Helfen läuft auf der gleichen Zeitebene des *must* ab, das heißt in der Gegenwart: Wir müssen ihm helfen, und zwar jetzt = Gleichzeitigkeit)

We should have helped him.
(Das Helfen hätte vor dem Zeitpunkt des *should* in der Vergangenheit ablaufen müssen, eigentlich: „Wir sollten ihm geholfen haben." = „Wir hätten ihm helfen müssen." = Vorzeitigkeit)

17 Übersetze die folgenden Sätze. Benutze die richtige Infinitivform:

1. Er muss nach Birmingham fliegen.
2. Sie musste auch nach Birmingham fliegen.
3. Sie müssen nach Birmingham geflogen sein.
4. Sie mussten nach Birmingham geflogen sein.
5. Wir durften ihm nicht helfen.
6. Ihm konnte nicht geholfen werden.
7. Das Haus muss schnell gebaut werden.
8. Das Haus muss schnell gebaut worden sein.

Bei bestimmten **Akkusativ-Konstruktionen** verwendet man den Infinitiv (a.c.i.):

Ken liked his mother to be near him.
Kim needed Jack to get her a job.

Infinite Formen

Im Deutschen wird hier stets ein dass-Satz verwendet, der im Englischen nicht möglich ist.

Ich will,	dass	er	kommt.
I want		him	to come.
		Akkusativ	**Infinitiv**

This must be studied closely.

Andere Verben mit a.c.i.-Konstruktion sind:

advise, allow, ask, beg, cause, command, consider, declare, expect, forbid, force, get, guess, hate, imagine, invite, lead, let (auch ohne *to*), like, love, make (ohne *to*), need, order, permit, prefer, prove, recommend, require, suppose, teach, tell, think, understand, urge, want, warn, wish.

Sie wollten, dass das Haus sofort gebaut wird.
They wanted the house to be built at once.
Wir erwarteten, dass sich das Wetter schnell bessern würde.
We expected the weather to improve quickly.
Vater verbat mir, zum Rave zu gehen.
Father forbade me to go to the rave.

Infinite Formen

 Bei **indirekten Fragesätzen mit modalen Verben** steht der Infinitiv.

> Er wusste nicht, wohin er rennen sollte.
> He did not know where to run.
> Sie fragten sich, wann sie zum Zahnarzt gehen sollten.
> They wondered when to go to the dentist's.

 Nach **for + Objekt + Infinitiv** (oft nach unpersönlichen Ausdrücken) wird der Infinitiv verwendet.

> Es war unmöglich für ihn, dass er jetzt die Schule verließ.
> It was impossible for him to leave school now.
> Sie hofften, dass der Regen aufhören würde.
> They hoped for the rain to stop.

 Bei folgenden Redewendungen *(idioms)* solltest du den Infinitiv beachten.

to be frank	ehrlich gesagt
to be brief	kurz
to be sure	sicherlich
to begin with	zunächst einmal
to speak strictly	genau genommen
so to speak, so to say	sozusagen
to sum up	zusammengefasst
to take an example	zum Beispiel
to cut a long story short	kurz und gut

Let's sum up what we've learned.

Infinite Formen

18 Übersetze die folgenden Sätze und verwende, wenn möglich, Infinitivkonstruktionen:

1. Es ist wichtig, dass junge Menschen lustige Partys feiern.
2. Die Musik ist nicht laut genug, um vom Gast gehört zu werden.
3. Es sind genug Erdnüsse für dich zum Essen da.
4. Mutter hasst es, wenn meine Gäste so laut sind.
5. Es ist jetzt Zeit, dass die Leute nach Hause gehen.
6. Viele Menschen lösen gerne Kreuzworträtsel.
7. Es ist nicht überraschend für uns, festzustellen, dass Kriminalromane in Großbritannien sehr beliebt sind.
8. Ich möchte, dass ihr einen Roman lest.
9. Harriet will, dass Jim mehr Salat macht.
10. Sie zeigte uns, wie man die Tür zum Hinterhof verschließt.
11. Weißt du, wie man mit dem Rasenmäher umgeht?
12. Hast du schon gelernt, wie man einen Computer bedient?
13. Es ist wirklich sehr wichtig, dass du den Kassettenrekorder reparierst.
14. Es wäre besser, wenn der kleine Junge nicht so oft mit dem Messer spielen würde.
15. Sarah hat einige CDs mitgebracht, damit deine Gäste sie anhören können.
16. Er sagte mir, wann ich ihn anrufen solle.
17. Jeremys Mutter war nicht die Einzige, die ihren Arbeitsplatz verlor.
18. Jeder Arbeiter hätte der Erste sein können, der arbeitslos wurde.
19. Viele Firmen verkaufen nicht genug Produkte, um neue Arbeitsplätze zu schaffen.
20. Zunächst einmal, Freunde, müssen wir die Produktion steigern. Kurz und gut, es geht um unsere Jobs.
21. Die Sponsoren hoffen, die Leute dazu zu motivieren, ihre Erzeugnisse zu kaufen.

Infinite Formen

Das Verb „**erinnern**" bereitet oft Schwierigkeiten. Merke dir die folgende Liste genau:

to remember s.th.	sich an etw. erinnern
to remind s.o. of s.th.	jmdn. an etw. erinnern
to recall s.th.	sich an etw. erinnern
to recollect s.th.	sich an etw. erinnern
to remember s.o. to s.o.	jmdn. von jmdm. grüßen

19 Übersetze die folgenden kurzen Sätze:

a. Erinnerst du dich, als wir uns das erste Mal sahen?
....
....

b. Erinnere mich an die Tasche, wenn wir zurück kommen.
....
....

c. Sag Helena schöne Grüße von mir. Ich bin sicher, sie kann sich an unser Treffen letzten Sommer erinnern.
....
....
....

20 Welche Paare gehören zusammen? Verbinde!

a.	allowing for the fact	1.	allgemein gesagt
b.	considering	2.	zu urteilen nach
c.	generally (roughly) speaking	3.	wenn man berücksichtigt
d.	judging from	4.	angenommen
e.	supposing	5.	offen gesagt
f.	strictly (properly) speaking	6.	wenn man bedenkt
g.	frankly speaking	7.	streng genommen

Infinite Formen

21 Übersetze die deutschen Sätze ins Englische:

1. Sie war die einzige Person, die uns half.
2. Gibt es hier ein Zimmer, um sich umzuziehen?
3. Kanada ist ein Land, in das man reisen sollte.
4. Mrs. Winterbutton ist die Frau, mit der man an dieser Schule reden kann.
5. Martin Luther King wollte, dass die Schwarzen gewaltlos für ihre Freiheit kämpften.
6. Sie sollten *(to be to do s.th.)* auf der Straße für ihre Bürgerrechte demonstrieren und den Weißen sagen, dass sie sich weigerten, aufzugeben.
7. Nach Malcolm X' Meinung sollten sie aber Gewalt anwenden.
8. Das Attentat auf Martin Luther King soll *(to be said to)* eine positive Entwicklung beendet haben.
9. Unser Chef ermahnte uns, nicht noch einmal zu spät ins Büro zu kommen.
10. Hast du ein Blatt Papier für mich, auf dem ich schreiben kann?

Infinite Formen

22 Gerund oder Infinitiv? Setze das deutsche Wort in Klammern in der richtigen Form ein:

Looking for a book

Jim went to the library _____ (finden) a good book. He really likes _____ (lesen) Shakespeare. Today, however he would like _____ (lesen) Hemingway. He knew his teacher would not mind him _____ (lesen) some Hemingway today.

In the library he suddenly stopped _____ (werfen) a look at a shelf he could not remember _____ (sehen) ever before. He tried _____ (lesen) the titles, but the books were too high up in the shelf. So he tried _____ (stehen) on tiptoe to see better, but it was of no use. Then he tried _____ (benutzen) a ladder – and it worked.

Originally he had meant _____ (bleiben) in the library for only half an hour, but he forgot _____ (gehen) at ten as he had promised. But, at least, as he went home later, he remembered _____ (aufgeben) the letter for his dad.

23 Übersetze den folgenden Text ins Englische. Achte dabei besonders auf die Gerundkonstruktionen:

Chavins Aufstand

Chavin wollte endlich seine eigene Wohnung haben. Er war neidisch auf viele seiner Freunde, die schon eine hatten. Seine Eltern beschuldigten ihn, zu egoistisch zu sein. Und er würde vergessen, dass er dann dafür verantwortlich sein würde, die Miete pünktlich zu bezahlen. Er hatte nichts dagegen, sich dieser Pflicht zu stellen.

Chavin war es leid, seinen Eltern gegenüber Rechenschaft darüber ablegen zu müssen, was er tat. Er ging gerne spontan mit seinen Freunden aus und er war selbstverständlich daran interessiert, so lange fort zu bleiben, wie er wollte. Er freute sich darauf, selbstständig Geld zu verdienen und einen Job zu finden, der ihm

Infinite Formen

Spaß machte und das Geld einbrachte, das er benötigte, um die Miete und viele andere Dinge zu bezahlen.

Seine Eltern aber bestanden darauf, dass er zu Hause bleibe. Sie seien immer noch verantwortlich dafür, ihn zu erziehen, bis er volljährig sei. Er war froh darüber, dass seine Eltern von dem Thema angefangen hatten, denn er würde bald 18 sein.

Chavin wäre sicherlich daran verzweifelt, wenn es noch viel länger gedauert hätte. Er dankte seinen Eltern für ihre vernünftige Sichtweise und erklärte ihnen, dass er weit davon entfernt sei, sofort auszuziehen. Er wusste, dass er fähig war, noch sechs Monate abzuwarten.

Infinite Formen

Infinite Formen

TEST 6

Die folgende Übersetzung setzt Schwerpunkte in der Anwendung des Partizips, des Gerunds und der indirekten Rede. Doch konzentriere dich nicht nur auf diese Schwierigkeiten – konzentriere dich auf jedes Wort und jeden Satz.

Jims Reise nach London

Jim liest sehr gerne Comicbücher. Sein Freund Jack war deshalb gestern überrascht, dass er das Tennisspiel gegen ihn gewann. Er sagte, er könne sich gar nicht vorstellen, dass er so gut sei, wo er doch ständig diese komischen Bücher lese.

Jack sagte, er glaube schon, dass es sich lohne, diese Bücher zu lesen, denn man verliere nie seinen Sinn für Humor. Er habe keine Angst davor, noch einmal eine Partie mit ihm zu bestreiten, denn er übe immer Tennisspielen.

Als er merkte, dass Jack nicht verärgert darüber war, gegen ihn verloren zu haben, dachte Jim sich, er sei der Richtige, mit dem er einen Ausflug nach London machen könne. Ohne länger zu warten, rief er ihn an und fragte ihn, ob er Lust habe, mit ihm nach London zu reisen.

Obwohl Jack gerade seine Abschlussprüfungen vorbereitete, erklärte er, ohne viel nachzudenken, dass er sehr daran interessiert sei, sich London einmal näher zu betrachten. Reisen sei eines seiner Lieblingshobbys. Und London fehle ihm noch in seiner Sammlung!

Gesamtfehlerzahl
[   ]

Testauswertung:

0 – 4 Fehler: Prima!
5 – 8 Fehler: Geht noch durch.
9 – ... Fehler: Noch mal durcharbeiten!

Infinite Formen

Rebus

them

~~4th~~

 +

meat   2nd form of   for   
a = e   'to steal' without   without
      5th letter, then   3rd letter, turn
      turn around   around

   4+8   

g = m   without
      the 'u'   ht = n

Lösung: ....

Wortarten

Wortarten

TEST 7

Übersetze den folgenden Text ins Englische und vergleiche mit der Übersetzung im Lösungsteil:

Mirko fuhr nach Wales, um sein Englisch zu verbessern. Seine Eltern waren auf die Idee gekommen, dies zu organisieren. Sie mussten sich mit einer internationalen Organisation in Verbindung setzen, die ihren Sitz in Brüssel hat. Sie mussten dorthin fahren, um sich mit Mirko vorzustellen.

Unglücklicherweise war es Mirko nicht möglich, mehr als vier Wochen in diesem Land zu bleiben. Der Manager in Brüssel aber sagte, es sei wahrscheinlich kein allzu großes Problem, für diesen kurzen Zeitraum eine Familie zu finden, die ihn aufnehmen würde.

Mirko gewöhnte sich schnell an seine neue Umgebung und fand im Nu viele Freunde. Francine, eine der Töchter der Familie Carlow, sagte, er könne zu jeder beliebigen Zeit zu Besuch kommen. Wenn er irgendwelche Fragen habe, sei ihr Vater genau der Richtige, mit dem man sprechen müsse.

Gesamtfehlerzahl

Testauswertung:

0 – 3 Fehler: Supergut!
5 – 8 Fehler: Akzeptabel.
9 – ... Fehler: Genau lernen in diesem Kapitel!

Wortarten

Adverbien und Adjektive

Nachstehend erhältst du drei Listen mit **Adverbien**, die verschiedene Bedeutungen haben können und daher beim Übersetzen oft Schwierigkeiten bereiten. Präge dir die Listen gut ein und verwende sie in der kommenden Übung.

Manche Adverbien und Adjektive haben die gleiche Form, aber verschiedene Bedeutungen:

	Adjektiv	**Adverb**
only	einzig	nur
pretty	hübsch	ziemlich
still	still	(immer) noch
well	wohl	gut
ill	krank	schlecht
clean	rein, sauber	völlig

Merke dir die Bedeutungsunterschiede der folgenden Adverbien mit endungsloser Form und mit *-ly*-Form:

endungslos		**ly-Form**	
close	dicht	closely	genau
dear	teuer	dearly	zärtlich, teuer
deep	tief	deeply	sehr
fair	fair, ehrlich, offen	fairly	ziemlich, recht
high	hoch	highly	sehr
hard	hart, schwer	hardly	kaum
just	gerade	justly	gerecht
late	spät	lately	vor kurzem, jüngst
low	niedrig	lowly	gering, niedrig
near	nahe	nearly	fast beinahe
short of	knapp an	shortly	kurz nach, in Kürze, bald
stop short	stehen bleiben		
cut s.o. short	jmdn. unterbrechen		

Wortarten

Adjektive auf -ly

Adjektive, die bereits auf *-ly* enden, bilden das Adverb mit *in a ... way*.

His salutation was friendly.
Seine Begrüßung war freundlich.

He saluted the soldiers in a friendly way.
Er begrüßte die Soldaten freundlich.

24 Füge die richtige Form folgender Adjektive bei der Übersetzung ein:
likely, kindly, lovely, lively, cowardly

1. Sein Benehmen war sehr freundlich.
2. Regen ist wahrscheinlich.
3. Er betrog seine Freunde feige.
4. Sie diskutierten das Thema sehr angeregt.
4. Lieblich blickte sie ihn an.

Bei diesen Ausdrücken wird aus einem Adverb im Deutschen eine verbale Wendung im Englischen:

Deutsches Adverb	Englische Wendung
zufällig	to happen, to chance to do s.th.
hoffentlich	I hope
sicherlich	to be sure
wahrscheinlich	to be likely to do s.th.
voraussichtlich	I expect that
lieber	to prefer doing s.th.
anscheinend	to seem to, to appear to
weiter	to continue doing s.th.
sicher	to be certain to do s.th.
vermutlich	I suppose

Wortarten

bekanntlich	to be known to do s.th.
früher	(he) used to do s.th.
gerne	to like doing s.th.
	to be fond of doing s.th.
leider	I'm afraid, I'm sorry
weiterhin	to keep on doing s.th.
	to go on doing s.th.
gerade	to be about to do s.th.
	to be on the point of doing s.th.
zwar	it is true that
	I admit that

25 Verwende die obigen Listen und übersetze die Sätze mit adverbialen Passagen richtig:

1. Jolene ist seine einzige hübsche Tochter. Sie ist aber ziemlich langweilig und kennt nur eines: ihre Bücher.
2. Bleibt bitte still sitzen. Der Weihnachtsmann ist noch draußen im Flur.
3. Es geht ihm wieder ziemlich gut. Er kann schon wieder gut lesen.
4. Sandra ist krank. Zum Glück ist das Krankenhaus nicht schlecht ausgestattet.
5. Sie war völlig pleite. Aber sie hatte eine saubere Weste.
6. Wir sollen genau aufpassen. Diese unangenehme Person steht zu nahe an unserem Auto.
7. Der Preis für den Gebrauchtwagen war fair, doch er war ziemlich hoch.
8. Geoffrey fand es schwer, mit seinem neuen Chef zurechtzukommen. Doch er hatte noch kaum mit ihm gesprochen.
9. Der Bus kam gestern Abend schon wieder zu spät. Das ist in jüngster Zeit recht häufig vorgekommen.
10. Ich bin vorgestern beinahe die Klippe hinabgestürzt. Ich war einfach zu nahe an den Abgrund gegangen.
11. Er unterbricht mich immer, wenn ich rede. Ich werde aber bald mit ihm über dieses Problem sprechen.

Wortarten

12. Anscheinend wird das Wetter morgen besser. Ich würde morgen gerne zum Skifahren gehen. Voraussichtlich werden nicht zu viele Leute unterwegs sein.
13. Früher ging sie jeden Nachmittag spazieren.

Steigerung

 Im Englischen werden alle einsilbigen und alle auf -y endenden zweisilbigen Adjektive mit **-er** und **-est** gesteigert, wobei sich das y in ie umwandelt.

fast	faster (than)	fastest
quick	quicker	quickest
heavy	heavier	heaviest

 Alle anderen zweisilbigen und mehrsilbigen Adjektive werden mit **more** und **most** gesteigert.

| clever | more clever (than) | most clever |
| intelligent | more intelligent | most intelligent |

Wortarten

26 Übersetze die folgenden Sätze und beachte vor allem die richtigen Steigerungsformen:

1. Die Landschaft ist viel schöner, wenn es geschneit hat.
2. Obwohl er jünger war als du, wollte er Maler werden.
3. Es ist einfacher für euch, Jimmy anzurufen. Ich kenne ihn überhaupt nicht.
4. Das Leben in einem kleinen Dorf ist natürlich ruhiger als das Leben in einer hektischen Großstadt.
5. Dieses Gemälde ist so schön wie die Landschaft selbst.
6. Der Lärm der Autos ist nerviger, als ich gedacht hatte.
7. Viele Popsänger sind beliebter als manche Politiker.
8. Al muss die schwerste Kiste tragen – er ist stärker als ich.

An dieser Stelle noch einige Besonderheiten der Steigerung, die bei Übersetzungen von großer Bedeutung sind:

Unregelmäßige Formen

good	better	best
bad	worse	worst
much (uncountable)	} more	most
many (countable)		
a lot of		
little (wenig)	} less	least
few (wenige)		
far	farther/further	farthest
near	nearer	nearest/next
late	later/ (the) latter	latest/last
old	older/elder	oldest/eldest

Im übertragenen Sinne wird nur **further** gebraucht.

Are there any **further** questions?
Gibt es weitere Fragen?

Wortarten

nearest bezieht sich auf die größte räumliche Nähe, ***next*** auf eine etwaige Reihenfolge.

Where is the **nearest** store?
The **next** number is twelve.

latest heißt „neueste, jüngste, letzte" in zeitlichem Sinne, ***last*** bezieht sich auf die Reihenfolge.

His **latest** song is called "Drummer".
Goethe's **last** words were: "More light!"

latter bezieht sich auf das erste von zwei genannten Dingen oder Personen.

Jim and Henry are good friends. The **latter** is 25.

elder/eldest werden nur attributiv und bei Familienbeziehungen verwendet.

His **elder** brother is Mike, his **eldest** sister Mary.

 27 Übersetze die folgenden Sätze unter Beachtung der Regeln für Adjektive und der Tipps:

1. Der letzte König schuldete einigen Bankiers mehr Geld, als er jemals zurückzahlen konnte.
2. Der älteste Sohn von Herrn Meier ist älter als du.

Wortarten

3. Meine ältere Schwester kann mit weniger Geld auskommen. Sie muss allerdings billigere Nahrungsmittel einkaufen.
4. „Zu guter Letzt möchte ich von den steigenden Preisen sprechen", sagte der Präsident in seiner jüngsten Ansprache.
5. Wenige Chefs wissen, was ihre Angestellten privat machen.
6. Nach dem Unabhängigkeitskrieg hatten die ehemaligen Kolonien wenig Geld, um Straßen zu bauen.
7. Weitere Unruhen hätten die Stabilität des Staates erheblich beeinträchtigt.
8. Die nächstgelegene Gaststätte ist etwa 200 Meter von dieser Kreuzung entfernt.
9. Der nächste Lateinlehrer ist vielleicht ein wenig freundlicher als der Letzte, den wir hatten.
10. Die älteste Kathedrale, die wir hier in der Gegend finden konnten, war über 500 Jahre alt.

Reflexivpronomen

Die **Reflexivpronomen** *myself, yourself, himself, herself, itself, ourselves, yourselves, themselves* werden bei vielen Verben **rückbezüglich auf ein Nomen** verwendet, für gewöhnlich auf das Subjekt.

She was thinking about herself.
Sie dachte über sich nach.
You must introduce yourself to my parents.
Du musst dich meinen Eltern vorstellen.

Wortarten

Einige wichtige rückbezügliche Verben:

to enjoy oneself	eine gute Zeit haben
to pride oneself on s.th.	sich einer Sache rühmen
to make oneself at home	es sich bequem machen
to seat oneself	sich setzen

Sehr viele Verben im Englischen sind aber „automatisch" rückbezüglich, d. h. sie brauchen kein Reflexivpronomen.

We wondered why he did not come.
Wir fragten *uns,* warum er nicht kam.
He changed considerably after his wife's death.
Nach dem Tode seiner Frau veränderte er *sich* beträchtlich.

Weitere wichtige rückbezügliche Verben:

to imagine	sich vorstellen
to remember	sich erinnern
to happen	sich ereignen
to recover	sich erholen
to wish for	sich etw. wünschen
to long for	sich nach etw. sehnen
to dress	sich anziehen
to wash	sich waschen
to hide	sich verstecken

Oft musst du bei dem reflexiven Gebrauch im Deutschen genau überlegen, ob „sich selbst" oder „sich gegenseitig" gemeint ist.

Sie schauten sich im Spiegel an.
They looked at themselves in the mirror. *(sich selbst)*
They looked at each other in the mirror. *(sich gegenseitig)*

Wortarten

28 Übersetze die folgenden Sätze unter Beachtung des Aspektes der Rückbezüglichkeit:

1. Der Autounfall ereignete sich vor etwa drei Jahren. Sie hatte sich gerade ein neues Kabriolett gekauft. Sie verletzte sich schwer am Rücken, als sie aus dem Auto flog, weil sie sich nicht angeschnallt hatte. Anfangs verbesserte sich ihr Gesundheitszustand beinahe täglich. Doch mittlerweile hat er sich eher verschlechtert. Die Ärzte wundern sich, warum sich die Heilung nicht besser entwickelt hat.
2. Vor dem Vorstellungsgespräch sprach Mike mit sich selbst. Er redete sich immer wieder ein, dass er seine Fähigkeiten nicht zu verstecken brauche. Schließlich stellte er sich dem Personalleiter vor und präsentierte sich außerordentlich gut. Er war danach stolz auf sich.
3. Die Unterhaltung zwischen den beiden Widersachern entwickelte sich blendend. Zuerst sagten sie sich, was sie voneinander hielten. Danach brach das Eis, und sie konnten sich sogar Witze erzählen. Als sie sich trennten, hatten sie voneinander ein ganz anderes Bild.
4. Linda wusch sich schnell, zog sich an und machte sich auf den Weg zur Arbeit. Als sie Fred sah, versteckte sie sich hinter einem Ahornbaum. Sie wollte ihn nicht treffen. Sie hatte keine Lust, sich mit ihm zu unterhalten.
5. „Fühle dich wie zu Hause", sagte Geoffrey zu seinem Arbeitskollegen. „Ich möchte, dass du dich wohl fühlst, denn wir müssen uns auf diese Arbeit konzentrieren."

Wortarten

Präpositionen

 Der Gebrauch der Präpositionen sorgt immer wieder für Probleme. Auf den nachfolgenden Seiten sind die wichtigsten Beispiele genannt, die für dich von Belang sind.
Präge sie dir so gut wie möglich ein, denn du kannst sie nicht logisch erschließen.

Präpositionen des Ortes

at
at a run	im Laufschritt
at home	zu Hause
at Rosenheim	in Rosenheim
at sea	auf See
at the butcher's	beim Metzger
at the office	im Büro
at the station	am Bahnhof
at the top	an der Spitze
at work	bei der Arbeit
to aim at s.th.	auf etw. zielen
to fire at s.th.	auf etw. schießen
to knock at	klopfen an
to stare at	starren auf
to throw at s.th.	auf (nach) etw. werfen

by
by his side	an seiner Seite
by the cupboard	beim Schrank
to go by bus (car, train, bike, airplane)	mit dem Bus (Auto, Zug, Fahrrad, Flugzeug) fahren (reisen)
to send by post	mit der Post zustellen
to take s.o. by the hand	jmdn. an der Hand halten
to walk by	vorübergehen

Wortarten

for
to send for s.o. (s.th.)   nach jmdm. (etw.) schicken

from
distant from   entfernt von
separate from   getrennt von

in
in the country   auf dem Lande
in the picture   auf dem Bild
in the sky   am Himmel
in the street   auf der Straße
to look s.o. in the face   jmdm. ins Gesicht sehen

on
on the coast   an der Küste
on the telephone   am Telefon
on the lookout   auf der Lauer
on the air/radio   im Rundfunk

with
to stay with s.o.   bei jmdm. wohnen

29   Übersetze die folgenden Übungssätze:

1. Sie beobachteten die Umgebung sehr genau und waren immer auf der Lauer.
2. Er lebte auf dem Land und konnte sicherlich etwas Abwechslung gebrauchen.
3. Schicke mir dein Buch mit der Post. Das geht am schnellsten.
4. Er nahm sein Kind bei der Hand und führte es geradewegs in den Kindergarten.
5. Sie spricht gerade mit Martin am Telefon.
6. Sam sah in ihr Gesicht und wusste, was los war.
7. Auf der Straße waren sehr viele Menschen.
8. Letztes Jahr kauften wir die Eintrittskarten am Bahnhof.
9. Jemand klopfte an der Tür, öffnete sie und kam herein.
10. Sie lief an mir vorbei, als würde sie mich nicht kennen.

Wortarten

11. Es macht Spaß, Schneebälle nach Lehrern zu werfen.
12. Er ist seit drei Jahren von seinen Kindern getrennt.
13. Auf dem Bild konnte man den Berggipfel gut erkennen.
14. Am Himmel sah man drei Flugzeuge.

Präpositionen der Zeit

at
at Christmas, at noon	zu Weihnachten, mittags
at once	sofort
at present	zur Zeit, jetzt
at the same time	zur selben Zeit

by
by day, by night	bei Tage, bei Nacht
by now	inzwischen, mittlerweile
little by little	allmählich

for
for the last two weeks	während der letzen zwei Wochen

from
from experience	aus Erfahrung
from memory	aus der Erinnerung

Wortarten

in
in the morning	morgens
aber: on Saturday morning	am Sonntag Morgen
in time	rechtzeitig
later in the day	später am Tag

on
on his arrival	bei seiner Rückkehr
on leave (holiday)	im Urlaub
on this occasion	bei dieser Gelegenheit
on time	pünktlich

30 Übersetze die folgenden Sätze und achte besonders auf die Präpositionen:

1. Er kannte noch viele italienische Wörter aus der Erinnerung.
2. Er wünschte sich dringend, den Dschungel bald zu betreten.
3. An Weihnachten trifft sich unsere Familie immer zu Hause.
4. Sei pünktlich da!
5. Denis verbessert allmählich seine Leistungen.
6. Zur Zeit geht es ihm nicht gut.
7. Er las und aß zur selben Zeit.
8. Bei dieser Gelegenheit fragte ich ihn, wie alt er sei.
9. Nachts können Eulen sehr gut sehen.
10. Morgens lese ich nie Zeitung.

I know you can do this!

Wortarten

Präpositionen in adverbialen Bestimmungen

at
at any rate	auf jeden Fall
at best	bestenfalls
at rest	in Ruhe
at your risk	auf deine Verantwortung

by
by accident, by chance	aus Zufall
by all means	auf jeden Fall
by force	mit Gewalt
by mistake	aus Versehen
by no means	auf keinen Fall
by oneself	ganz alleine
by sight	vom Sehen her
by the way	übrigens

for
as for me, for my part	was mich betrifft
for all I know	nach meinem Wissen
for certain	sicherlich
for example, for instance	zum Beispiel
for fear of	aus Furcht vor
for fun, for joy	aus Spaß, aus Freude
for this reason	aus diesem Grund

from
from wood	aus Holz

in
in a word	mit einem Wort
in any way	auf jeden Fall
in this way	auf diese Weise
in view of	angesichts

Wortarten

on
on no account	auf keinen Fall
on purpose	mit Absicht
on sale	zum Verkauf
on the contrary	im Gegenteil

to
to my knowledge	meines Wissens
to my liking	nach meinem Geschmack
with respect (regard, reference) to	hinsichtlich

with
He has no milk with him.	Er hat keine Milch bei sich.
with great difficulty	unter großen Schwierigkeiten

I can do that without great difficulty.

Wortarten

31 Übersetze die Übungssätze:

1. Frank hat kein Getränk bei sich. Er wird sehr durstig sein.
2. Frank Silver ist aus diesem Grund sehr beliebt bei den Mädchen.
3. Liebe Schüler, hört mir bitte zu, wenn ich euch etwas erkläre. Meines Wissens habt ihr alle noch Bedarf an vernünftigen Erklärungen hinsichtlich dieser Mathematikaufgaben.
4. Er hat dir gestern nicht mit Absicht das Bein gestellt. Es geschah aus Versehen.
5. Er wußte, dass er sich auf diese Weise gegen den Virus schützen musste.
6. Aus Furcht davor, entdeckt zu werden, stellte er sich taub.
7. Die Musik ist wirklich nicht nach meinem Geschmack.
8. Mit einem Wort, wir müssen das Unternehmen anders finanzieren.
9. Dieser rote Mantel unterscheidet sich von dem blauen Mantel nicht nur durch die Qualität.
10. Der Dieb drang in das Haus mit Gewalt ein. Übrigens verwendete er dabei einen Stein.
11. Er war ganz alleine, als er den Entschluss fasste, nach Kanada auszuwandern. Auf keinen Fall wollte er noch länger in seiner Heimat bleiben. Er hatte sie satt. Die Leute hier waren alle so stur und engstirnig. Dort würde er seine Produkte auch zu Tausenden verkaufen können.

Wortarten

Verb und Präposition

at
to be good/bad at s.th.	gut/schlecht sein in etw.
to be surprised at s.th.	überrascht sein über etw.
to sell at 10 p. a kilo	zu 10 p. das Kilo verkaufen

by
to judge by appearances	nach dem Aussehen urteilen
to know s.o. by sight	jmdm. vom Sehen kennen
to learn by heart	auswendig lernen

for
to blame s.o. for s.th.	jmdm. für etw. Schuld geben
to excuse s.o. for s.th.	jmdm. wegen einer Sache entschuldigen, verzeihen

from
to be weak from thirst	vor Durst schwach sein
to defend from	schützen gegen
to suffer from the cold	an der Kälte leiden

in
to deal (trade) in s.th.	mit etw. handeln
to fail in s.th.	an etw. scheitern
to succeed in s.th.	mit etw. erfolgreich sein

of
to assure s.o. of	jmdm. einer Sache versichern
to be afraid of	Angst haben vor
to be envious of s.th.	neidisch auf etw. sein
to be innocent of s.th.	an etw. unschuldig sein
to be proud of s.th.	auf etw. stolz sein
to be short of s.th.	an etw. knapp sein
to be suspicious of s.th.	gegenüber etw. misstrauisch sein
to be typical of s.o.	typisch für jmdn. sein

Wortarten

to be weary of s.th.	einer Sache überdrüssig sein
to die of s.th.	an etw. sterben
to smell of s.th.	nach etw. riechen
to take care of s.th.	auf etw. aufpassen
to take notice of s.th.	von etw. Notiz nehmen, bemerken

on

to congratulate s.o. on s.th.	jmdm. zu etw. gratulieren
to decide on s.th.	sich für etw. entscheiden
to depend on s.th.	von etw. abhängen, sich darauf verlassen
to go on foot	zu Fuß gehen
to live on s.th.	von etw. leben

to

to agree to s.th.	einer Sache zustimmen
to be indifferent to s.th.	gleichgültig gegenüber etw. sein
to be similar to s.th.	einer Sache ähnlich sein
to belong to s.o.	jmdm. gehören
to explain to s.o.	jmdm. etw. erklären
to happen to s.o.	zustoßen
to listen to	zuhören
to object to s.th.	sich einer Sache widersetzen
to pay attention to s.th.	auf etw. aufpassen
to point to s.th.	auf etw. hinweisen
to prefer s.th. to another	etw. einer Sache vorziehen
to see to it that	dafür sorgen, dass

with

to be angry/ mad with s.o.	wütend auf jmdn. sein
to be popular with s.o.	bei jmdm. beliebt sein
to be stiff with cold	vor Kälte steif sein

Wortarten

32 Beachte die Präpositionen und übersetze die Übungssätze:

1. Die Industriemagnaten sollen dafür sorgen, dass die Umweltverschmutzung eingeschränkt wird.
2. Wir dachten, ihm könne nichts zustoßen. Aber in dieser Hinsicht hatten wir uns getäuscht.
3. Der Sportler war vor Durst und Hunger ganz schwach und brauchte dringend eine Infusion. Aus diesem Grunde wurde er sofort in das Krankenhaus gefahren.
4. Er fand den Schlüssel nicht. Bald war er steif vor Kälte.
5. Wir gratulieren dir zum Gewinn dieses Rennens.
6. Er ist immer auf dich neidisch gewesen. Er wird wahrscheinlich noch an Neid sterben. Ich bin dieser Angelegenheit jedenfalls überdrüssig.
7. Ich habe Angst davor, ihm die Wahrheit zu erzählen. In den letzten Wochen war er mir gegenüber sehr misstrauisch. Ich bin an seiner Verzweiflung völlig unschuldig.
8. Wir müssen das Kind vor der fürchterlichen Kälte schützen.
9. Ich gebe dir nicht die Schuld an unserem Streit. Ich weiß aber nicht, wie ich ihn lösen soll.
10. Zur Zeit ist Michael nicht schlecht in Erdkunde. Ich bin über seine Fortschritte nicht sehr überrascht.
11. Ich kenne sie nur vom Sehen. Ich sehe sie oft, wenn ich beim Einkaufen bin.
12. Wenn du diese Wörter auswendig lernst, lobt dich der Lehrer morgen.
13. Du darfst nicht nur nach dem Aussehen urteilen. Die inneren Werte eines Menschen sind genauso wichtig.

Im Englischen besteht syntaktisch die Möglichkeit, **nach einer Präposition direkt einen Fragesatz** anzuschließen.

I wondered **about who** would come.
Ich fragte mich, wer kommen würde.

Wortarten

He did not know anything **about how** to do it.
Er wusste gar nicht, wie es gemacht wurde.

 33 Übersetze die folgenden Beispielsätze:

1. Pete fragte sich, ob er den Fernseher anstellen durfte.
2. Er informierte sich darüber, wie er am schnellsten nach Liverpool käme.
3. Er sprach darüber, wie er die Gewinne seines Unternehmens steigern würde.
4. Er diskutierte das Problem, wo er seine Wäsche waschen sollte.
5. Schließlich entschied er sich, welchen Bewerber er einstellen würde.
6. Ich werde nicht mit dir darüber streiten, wen ich heirate.

Wortarten

TEST 8

Übersetze, achte auf alle behandelten Schwierigkeiten der Deutsch-Englisch-Übersetzung:

Der Killer, dem nur der Verrat leid tut

Manchmal trifft man einen von diesen irischen Geschichtenerzählern und wenn man Eamon Collins gewähren ließe, dann würde er nimmer aufhören. Nie würde er zu dem Punkt kommen, der hier und heute interessiert, nie zu dem, was ihn betrifft. Eamon Collins lebt mit seiner Frau, den Kindern und zwei Hunden am Rande von Newry und eine Meile weiter südlich wäre man schon in der irischen Republik. Collins' Erzählungen, wenn man ihn nur lässt, beginnen immer im vorigen Jahrhundert oder noch früher, handeln von der eigenen Familiengeschichte, die auch irische Geschichte ist.

Für seine früheren Genossen – als einstiger Marxist gebraucht er noch das altmodische Wort – ist er der Verräter, der Informant, ein *supergrass*, was kaum zu übersetzen ist, worin eine nicht zu steigernde Verachtung mitschwingt. Aber vorher war Collins ein Killer im Dienste der IRA, ohne selbst je den Abzug zu drücken, ein Mörder, der anderen zeigte, wo die Bombe zu legen war. Wie jeder IRA-Mann hatte er seine eigenen, immer wiederkehrenden Gründe, die Briten zu hassen.

Als Collins nach marxistischen Abwegen an der Uni, die er ohne Abschluss verließ, schließlich zur IRA stieß, hatte er hinreichend Hass angehäuft. Den Ausschlag hatten die Hungerstreikenden in den Sonderlagern für Terroristen gegeben. Er glaubte, ein revolutionäres Potenzial in der IRA zu erkennen, eine Befreiungsarmee. Sich der IRA anzuschließen war denkbar einfach, vielleicht einfa-

Wortarten

cher, als sich beim Rekrutierungsbüro der British Army zu melden. Jeder kennt die Leute im Viertel, die dabei sind. Zudem traf es sich, dass Collins gerade als Beamter beim Zoll eingestellt worden war. Er hatte sich um den Job beworben, weil er sich endlich ein paar Bücher mehr leisten wollte. Er war ein Volltreffer für die Organisation. In der Zollstation sollte er seinem ersten Opfer begegnen.

Ivan Toombs, der Chef der Station, war in seinem zweiten Beruf Reservemajor des Ulster Defense Regiments. Er war außer der Reihe befördert worden, nachdem er einen IRA-Anschlag überlebt hatte. Sie hatten auf ihn geschossen, Collins wusste, dass ein Cousin von ihm daran beteiligt gewesen war. Collins spricht mit großer Hochachtung von Toombs, besonders, wie professionell der Major gewesen sei, Soldat durch und durch. Kam immer einen anderen Weg zum Dienst, mal zu Fuß, mal mit dem Auto, mal allein, mal mit Kollegen, arbeitete drei Tage hintereinander oder nur einmal in der Woche, machte keinen Fehler. Aber unter seinen Leuten war ein Späher. Nachdem die Sicherheit der Station mit einem Aufwand von 200 000 Pfund verbessert worden war, sagte jemand: „Hier kommt keiner rein." Die kleine Sorcha, Collins' Tochter, hat Schwierigkeiten mit dem Rechnen. Mit großer Geduld lösen beide eine Aufgabe, 24 geteilt durch drei. Toombs hatte auch kleine Kinder.

Toombs machte keine Fehler, bis auf einen: Der Major kochte einmal im Monat Tee für seine Mitarbeiter, briet ein paar Würstchen, an jedem Freitag um elf. Die Killer kamen eine Minute nach elf. Eines Tages könnte sein eigener Killer kommen, aber nun, während des Friedensprozesses, ist dies weniger wahrscheinlich. Er ist ein Mann voller Widersprüche, der manchmal noch Scham empfindet, über das, was er getan hat. Nicht über die Morde, sondern, „dass ich meine Genossen verraten habe".

Gerd Kröncke „Der Killer, dem nur der Verrat leid tut", aus: Süddeutsche Zeitung, 28.10.1997, S. 3 (adaptiert nach der reformierten Rechtschreibung).

Testauswertung:

0 – 6 Fehler: Prima! Du bist ein Crack!!
7 – 12 Fehler: Gut! Du hast schon einiges drauf.
13 – ... Fehler: Noch einmal! Das war nicht leicht.

Wortarten

IV

Kreuzworträtsel

Across
1. store
3. happiness
7. illustrated newspaper
8. write with a typewriter
11. sick
12. liquid for a pen
14. heap, stack
16. statement in a newspaper if you want to sell or get something
18. *Spalte (in einer Zeitung)*

Down
2. *drucken*
3. something funny to tell
4. second person pronoun
5. sketch, draft
6. *Überschrift*
7. post
9. *Seite eines Buches*
10. *Auflage*
13. *Baukasten*
15. *Zeile*
17. past tense of 'to see'

Englisch-Deutsch

Übersetzung ins Deutsche

TEST 9

Fülle die Lücken mit den Wörtern, die vorab erklärt werden (je 1 P). Versuche dann die deutsche Bedeutung zu erschließen und in Klammern anzugeben (je 1 P).

- # the shade: If it is hot, a tree can give you cool shade.
- # a wrinkle: a line in your skin
- # to frown: to produce lines on your forehead
- # to waste: not to use something fully and completely
- # to last: One hour lasts sixty minutes.
- # a limb: the arm is a limb of your body
- # to rot: the opposite *of to blossom*
- # to yield: to give up, to resign
- # to haunt: In Scotland castles are haunted by ghosts.
- # fail: the opposite of *to succeed*

The sun was out. We looked for some _____ (_____). If someone is stronger than you, you must _____ (_____). When apples are too old, they _____ (_____). Miller _____ (_____) his football talent, when he was young. One day _____ (_____) 24 hours. He was thinking about his problems. That was why he _____ (_____). Strange things happen in this house. It must be _____ (_____). The team was not well prepared. That is why they _____ (_____). I am exhausted. All my _____ (_____) ache. Old people have got lots of _____ (_____) in their skin.

Gesamtpunktzahl

[ ]/20

Testauswertung:

15 – 20 Punkte: Prima!
9 – 14 Punkte: Noch gut!
0 – 8 Punkte: Noch mal! Dann klappt es bestimmt!

Englisch-Deutsch

Textarten und Textformen

Um einen Text angemessen übersetzen zu können, muss man sich über die Textart im Klaren sein. Folgende fünf **Textarten** sind zu unterscheiden:

argumentativ: Diese Texte behandeln strittige Themen, in denen der Autor verschiedene Aspekte abwägt und eine Meinung ausdrückt (**Textformen:** *comments, interviews, leading articles, letters to the editor*)

deskriptiv: Hierbei handelt es sich entweder um eine rein wissenschaftliche Beschreibung eines Objektes (*technical description*) oder um subjektive Impressionen (*impressionistic description*). (**Textformen:** *anatomical or mechanical description of e.g. human body, machine; panoramic passages in novels*)

expositorisch: Objektive, präzise Analyse und Erklärung eines relativ komplexen Sachverhaltes. (**Textformen:** *dictionary definition, encyclopedia entries, summaries, papers*)

instruktiv: Dieser Typ gibt dem Adressaten Informationen, die sein Denken oder Handeln lenken sollen. (**Textformen:** *rules, regulations, instruction manuals*)

narrativ: Diese Texte sind erzählende Texte, die Handlungen und Ereignisse in einer zeitlichen Anordnung wiedergeben. (**Textformen:** *novel, short stories, reports, the lyrics of a song*)

Englisch-Deutsch

Stil

Außerdem ist für dich von großer Bedeutung zu wissen, dass es verschiedene **Stilebenen** gibt, die du in deiner Übersetzung natürlich nachahmen musst, weil du sonst das Übersetzungsziel, eben angemessen zu übersetzen, verfehlst. Es gibt den *formal style* (formeller Stil), der von einem gehobenen, gewählten, vornehmen Ausdruck zeugt. Dann gibt es den *informal style* (informeller Stil), der Umgangssprache, Dialekte und Slang in sich aufnimmt. Schließlich liegt dazwischen noch der *neutral style* (neutraler Stil), der sich in der Mitte bewegt und in keiner Richtung Auffälligkeiten besitzt.

formal style	**neutral style**	**informal style**
a constable	a policeman	a cop, a fuzz
a professor	a teacher	a crammer, a schoolmaster
a dipsomaniac	an alcoholic	a drunkard, a boozer

Kategorie

Texte werden entweder als *fictional* (erfunden) oder *non-fictional* (wirklichkeitsbezogen) kategorisiert. Meist sind Romane, Kurzgeschichten, Dramen oder Lyrik (Gedichte) fiktional, das heißt, sie entspringen der Fantasie des Autors.

34 Ordne die folgenden kurzen Texte den fünf verschiedenen Textarten. In welchen Textformen kommen sie vor?

1. When Mike was young, he often went to a little forest, which was located close to the village he and his three brothers lived in. They played hide and seek among the trees and one day suggested building a little hut in the underbrush of some bushes that seemed to be the perfect place for such a plan. They sat together and discussed the problems involved.

   ....

Englisch-Deutsch

2. This cup is made of metal. It is nine centimeters high and its walls are four millimeters thick. Its circumference is twenty-one centimeters. Its colour is dark red on the outside, the inside is white. Its handle is located on the outside.

   ....

3. Democracy is a form of political system within a group or society of a country in which people hold the power within the aforementioned body. Representatives are elected who are responsible for the interests of a certain number of people for a certain period of time. They regularly meet and discuss the problems of the country and make or change laws if one group can gather a majority of votes.

   ....

4. Why do I want you to go to the polls? Certainly, it is easier for many people to say that politicians do whatever they want and that it would not even matter which party is in power. That is not true. Party politicians identify with the problems of the people. They want to know if, for example, a new kindergarten must be built. So they must have close contact with the people. The voters can support such a party with their vote.

   ....

5. Before you use the walkman make sure that all the parts described in the illustration have been delivered to you by your salesman. Complaints about missing parts will not be acknowledged at a later point of time. Before you begin to use your walkman, put the proper batteries in the compartment in the back part. You must put in four of 1.5 V batteries according to the plus and negative signs shown there.

   ....

Englisch-Deutsch

Ton

Schließlich kann der **Ton** eines Textes beispielsweise **ernst, lustig, hintergründig, suggestiv, emotional, ironisch** oder *nüchtern* sein. Dieser Ton muss in deiner Übersetzung nachempfunden werden können.

35 Ordne die folgenden, kurzen Passagen dem jeweiligen Adjektiv zu, welches den Ton eines Textes beschreibt:

1. I got on the bus first and picked a seat in the rear so that all of my classmates were sitting in front of me during the journey. I played my first trick on Ralph because he was the one who never helped me when there was a test. I had some tomato ketchup in a neat, little syringe. When we were on our way and I saw that Ralph had fallen asleep. I went up to his seat and gave him a nice red blood injection right between his collar and his neck. What fun we had when he woke up, I tell you!

   ....

2. After James received an E in a history test he said about his history teacher: "Mr Miller is the best history teacher in the world. He always talks about things we are interested in. He knows what we want. He knows how to explain things to us and he always uses fine words we have never heard before."

   ....

Englisch-Deutsch

3. The landscape presented itself in a most wonderful manner. Smooth hills were rolling up to the green and blue horizon that had combined with the orange sunlight into a harmonious twilight of peaceful coexistence of balmy air and warm soil. The dark forests reminded me of mellow dreams of childhood when I was playing in the shades of the guardian, trees. Mother earth gave me a feeling of belonging.

   ....

4. Shouldn't we all read more? There are so many interesting books out there that could inform us so well. We would be better informed about politics, business, psychology and so on. If you knew more about how to treat children, for example, would you not be able to educate your kids better? Now, why do you not start to improve your life in this direction?

   ....

5. Magdalena was in trouble. Her friend had deserted her, she had lost her job, too. Moreover, her parents did not want to talk with her since she had left them five years before. Now she was sitting in her little flat thinking about her dire future. What could she be doing now?

   ....

There is a lot to be done!

Englisch-Deutsch

Partizip- und Gerundkonstruktionen

Das Partizip bleibt unübersetzt.

The car produced by Chrysler ...   Das Auto von Chrysler ...
There are planes flying to ...   Es gibt Flugzeuge nach ...

Ist das **Weglassen** des Partizips **nicht möglich,** dann kann man es auflösen in:

(a) neue Hauptsätze, (f) Temporalsätze,
(b) Relativsätze, (g) dass-Sätze,
(c) Kausalsätze, (h) rhetorische Fragen,
(d) Modalsätze, (i) Substantivierungen,
(e) Konditionalsätze, (j) Koordinationen.

(a) The fisherman was desperate, his catch fallen out of the boat.
   Der Fischer war verzweifelt und sein Fang war aus dem Boot gefallen.
(b) He is a Bavarian loving beer.
   Er ist ein Bayer, der Bier liebt.
(c) They watched the tennis match, being drawn to it by the two excellent players.
   Sie schauten das Tennisspiel an, weil sie von den zwei hervorragenden Spielern fasziniert waren.
(d) He lay in bed, listening carefully to the birds singing outside.
   Er lag im Bett, wobei er aufmerksam dem Gesang der Vögel lauschte.
(e) We will go swimming, weather permitting.
   Wir gehen schwimmen, wenn es das Wetter erlaubt.
(f) On getting to Hampstead, she waved for a taxi.
   Als sie in Hampstead ankam, winkte sie ein Taxi herbei.
(g) He had heard about father dying.
   Er hatte gehört, dass Vater gestorben war.

Englisch-Deutsch

(h) Maria couldn't help working more?
Müsste Maria nicht einfach mehr arbeiten?
(i) Taking your opinion into count ...
In Anbetracht Ihrer Meinung ...
(j) Uncle Herb, sitting on the sofa, talked about his childhood.
Onkel Herb saß auf dem Sofa und erzählte von seiner Kindheit.

Eine **englische Nominalkonstruktion** kann wiedergegeben werden durch:

(a) eine verbale Konstruktion,
(b) eine adjektivische Konstruktion,
(c) eine adverbiale Konstruktion.

(a) The question is ...
Es fragt sich ...
It is my personal opinion ...
Ich persönlich meine ...
(b) She was in the depths of despair.
Sie steckte in tiefster Verzweiflung.
(c) They yelled at the top of their voices.
Sie schrien, so laut sie konnten.

Passiv im Englischen – Aktiv im Deutschen

Passivkonstruktionen sind im Englischen häufig. Im Deutschen dagegen wirken sie oft formell; es empfiehlt sich daher eine Umwandlung ins Aktiv:

In our time, people are solely judged by appearances.
Unsere Zeit beurteilt die Leute nur nach dem Aussehen.

He was given a nice present.
Er bekam ein nettes Geschenk.

Englisch-Deutsch

of-Genitiv

 Bei der Präposition *of* kann die Übersetzung entscheidend den Sinn verfälschen, wenn man nicht zwischen dem **Subjekts- und dem Objektsgenitiv** unterscheidet.

Objektsgenitiv
the killing of the lions   die Tötung der Löwen (die Löwen werden getötet!) [Opfer]

Subjektsgenitiv
the killing of the lions
(the lions' killing)   das Töten der Löwen (die Löwen töten!) [Täter]

 Beim Objektsgenitiv musst du meist eine andere Präposition wählen!

the love of the mother country
die Liebe **zum** Vaterland
the suspicion of media
Misstrauen **gegenüber** Medien (nicht: der Medien)

In her eyes there was an expression of eagerness.
In ihren Augen lag ein Ausdruck **von** Begierde. (nicht: der)

Englisch-Deutsch

Fremdwörter

> Wenn sich ein Wort im Deutschen eingebürgert und durchgesetzt hat, so ist es unnötig, dieses Wort zu übersetzen; es würde komisch klingen.

    star, comeback, oldie, computer

> Existiert jedoch im Deutschen ein gleichwertiges anderes Wort, so solltest du dieses verwenden.

    complexity – nicht: Komplexität, sondern: Vielschichtigkeit

Freie oder wörtliche Übersetzung?

> Unklare oder unschöne Textstellen solltest du auf Stilfiguren hin überprüfen, eventuell Satzstellung oder Konstruktionen ändern. Grundsätzlich gilt das Motto:
>
> **So frei wie nötig und so wörtlich wie möglich.**

> Kleine **Füllwörter** (meist Adverbien) kommen im Deutschen recht häufig vor, bleiben im Englischen jedoch unübersetzt. Zum besseren Textverständnis erfüllen sie im Deutschen jedoch einen unverzichtbaren Zweck.

    But didn't you read about it?
    Aber hast du **denn** nichts davon gelesen?
    I haven't read anything, but I believe you.
    Ich habe **zwar** nichts gelesen, aber ich glaube dir.

Englisch-Deutsch

36 Übersetze den folgenden knappen Text so frei wie nötig und so wörtlich wie möglich:

Great Britain is a country of long tradition and a lot of pride. It used to be the most influential country in the world and its empire covered more than a quarter of the world's surface in the 19th century. By the standards of today, however, it is a nation, having had to yield its top position to the USA.

I am a lion of a lot of pride.

37 Finde die **Adjektive** zu folgenden Nomina:

city	_____	country	_____
man	_____	woman	_____
Japan	_____	France	_____
king	_____	laziness	_____
biology	_____	chemistry	_____
USA	_____	Germany	_____

38 **Odd man out** – Welcher der folgenden Begriffe passt jeweils nicht in die Zeile hinein?

pronunciation	spelling	meaning	dictation
error	mistake	effort	fault
operation	harm	damage	injury
splendid	average	gorgeous	good
Roman	English	Latin	Italian

Englisch-Deutsch

Übersetzungstexte mit Übungsfragen und Tipps

39 Übersetze den folgenden Brief in angemessenes Deutsch:

Dear Stephan,

hey, how is it going? My name is Carl Mikes, and you will be staying at my house when you come to the U.S. First off, I'll answer one big question. Yes, you will have your own room here in the States. Now that's out of the way. I'm 1.85 meters tall, 14, and I have a younger brother who can be annoying from time to time, but he knows who's in charge.
By the time that you arrive in Blackpool, I'll be done with my volleyball season, but not yet into wrestling. So life after school will be fairly calm. In addition to sports that I play for my school, I like to hike and camp, ski, and play football. As far as professional sports go, I'm a big fan of the Buffalo Bills in football and the Boston Red Sox in baseball. I'm not really into basketball, because I'm not very good at it, but it's a fun game to watch. Other things that I like to do are reading, writing to my friends, and listening to music. I almost always have the radio on whenever I'm in my room. As for the types of music, I seem to have the same tastes as the other students from your school. My favorite groups are the Smashing Pumpkins (especially), Live, Oasis, and R.E.M.
School starts for me at 7:40 a.m., and ends eight periods later at 2:07 p.m. My favorite subjects are probably Social Studies, Geography, and English. I can't stand French, because my teacher is very weird. I have a few friends in all of my classes, so even French isn't really that bad.
Just as a little note, I have a little dachshund named Oscar Mayer, just so you would know before you got here. If you need to know something about the U.S., Blackpool, my house, or just want to chat, you can find me at the address and phone number above. I would recommend using the E-mail, because I can get it faster than a message in letter form (and it's cheaper than calling me).

Englisch-Deutsch

You could also fax me at (234) 567-8910. Hope to hear from you soon, and see you in October.

Sincerely,   Carl

40 Fragen zur Übersetzung:

Welche Textart liegt vor?
Welche Textform?
Welcher Stil?
Welcher Ton?

41 Gib die entsprechenden englischen Wörter und *idioms* an, die im Text vorkommen.

bei jdm. wohnen
sein eigenes Zimmer haben
das Sagen haben
fertig sein mit etw.
nebenbei bemerkt
strange, funny (Synonym)
lessons (American English for)

Englisch-Deutsch

42 Der *definite article (the)* steht bei näher bezeichneten Substantiven; er steht nicht bei allgemeinen Bezügen.
Suche je ein weiteres Beispiel aus dem Text, das mit dem gegebenen korrespondiert:

the Buffalo Bills   life after school
_____   _____

43 Finde die *-ing*-Formen und ordne sie dem Gerund bzw. Partizip Präsens zu:

present participle: _____ _____
                      _____ _____

gerund: _____ _____
                      _____ _____
                      _____

44 Gib zu den *present participles* aus Ausgabe 43 die dir bekannten Substantive an:
_____
_____
_____

> Bevor du dich der folgenden Übersetzung zuwendest, bearbeitest du die nachstehenden Wortschatz- und Grammatikübungen, die auf verschiedene Problemstellungen im Text eingehen und dir dann die Übersetzung erleichtern sollen.

I might ring you up.

Englisch-Deutsch

45 Welche der folgenden Worterklärungen korrespondieren mit den angegebenen Wörtern bzw. Wendungen?

1. to make a will
2. goods and chattels
3. to subscribe
4. to mothball
5. to allocate
6. to snap up
7. to be forthcoming
8. a trust fund
9. voluntary
10. once
11. to pass away
12. to set up
13. to recruit
14. a nominal fee
15. to ensure

a. a symbolic amount of money paid
b. to keep s.th., but not use it
c. to take s.th. aggressively and fast
d. done or performed of one's own free will
e. to write one's testament
f. to order a newspaper or a magazine
g. to die
h. to look for and find new, mostly young people, as for the army
i. to guarantee
k. the things one owns; one's belongings
l. to give s.th. or s.o. a certain place
m. to appear, to show up
n. to found, to start, to organize
o. an organisation that administrates other people's money in a confidential way
p. as soon as

may

Das Modalverb *may* drückt aus, dass etwas **vielleicht** geschieht, dass die Möglichkeit besteht, dass etwas geschieht.

He **may** ring you up.   Er ruft dich **vielleicht** an.

Englisch-Deutsch

46 Übersetze die folgenden Sätze entsprechend der oben angegebenen Erläuterungen zu *may*:

a. They may try to improve their performance.
b. The weather may be fine tomorrow.
c. He may be learning up in his room.
d. She may have tried twice, but apparently without success.

Betonung

Im Englischen kann ein Verb zur **Betonung** im Imperativ, *simple past* und *simple present* mit **to do** bzw. **to be** verstärkt werden:

> He **does** know what to do.
> Er weiß **durchaus,** was er tun muss.

Im Deutschen wird diese Betonung nachempfunden durch ein verstärkendes Adverb.

47 Forme die folgenden Sätze um, indem du die Verben verstärkst:

1. Then he went home.
2. He wants to help them.
3. Believe me!
4. Let's go!
5. Be careful!
6. He caught the fish in a lake close to Exeter county.

Englisch-Deutsch

everyone, anyone

everyone bedeutet „alle ohne Ausnahme, jeder (von allen)"; **anyone** bedeutet „jeder Beliebige" aus einer großen Menge, aber immer nur eine Person.

Everyone knows famous people.
Jeder kennt (**alle** kennen) berühmte Leute.
Anyone can apply for the job.
Jeder (**Beliebige**) kann sich für diese Stelle bewerben.

48 Setze *anyone* oder *everyone* ein:

1. _____ can do the job of a watchman.
2. _____ wanted to see the star entering the court building.
3. I cannot help _____. I can only help some people.
4. He cannot help _____. He does not have enough money himself.

Can anyone help me?

49 Lies den Text aufmerksam und beantworte die unten stehenden Fragen.

Not dead, just surfing

YOU may have made a will and decided who will receive your goods and chattels, but have you thought about who will look after your Web site when you die? Many home pages are real labours of love. Their owners often update and redesign the pages regularly. Companies that offer Internet connections usually provide space for Web pages produced by their subscribers, but they only keep the pages available for all the world to see as long as the subscription fees are being paid.

Once the payments stop the pages are likely to be mothballed, and after 12 months the company is likely to reallocate the address of the site. Domain names may be snapped up the moment the registration fee is no longer forthcoming. Some small Internet connection companies do promise to keep Web sites available indefinitely, but this is often costly and requires complicated arrangements for paying such as trust funds.

But all is not lost. Help is at hand from Afterlife, a voluntary organisation set up to look after Web sites once their creators have passed away. The organisation was set up by David Blatner after a friend asked him to take care of his Web site after he died. Blatner says a person's Web site is a reflection of who they are and what they want to share with the world.

Blatner has recruited a few volunteers to look after the Web sites left to Afterlife. They will take care of a site for a nominal fee, says Blatner. "We want this to be available to anyone," he says. The volunteers will also ensure that the pages can be read by any new Web technology that comes along. The organisation has already been given server space by one Internet connection company.

Mark Ward, "Not dead, just surfing", aus: New Scientist, 25.10.1997, S. 19.

Englisch-Deutsch

1. Welche Textart liegt vor? _____
   Welche Textform? _____
   Welcher Stil? _____
   Welcher Ton? _____

2. Suche Adjektive zu den gegebenen Verben bzw. Nomina:

   to decide _____   to receive _____
   to think   _____   to provide _____
   to promise _____   a friend   _____
   a creator _____   the care   _____

3. Ordne die Wendungen der richtigen deutschen Übertragung zu:

   1. one's goods and chattels   a. etw zur Verfügung stellen
   2. to keep sth available   b. verscheiden
   3. to mothball   c. jds Hab und Gut
   4. to pass away   d. einmotten

4. Wie lauten die zwei betonten Formen im obigen Text?
   _____   _____

5. Betone die Verben mit Hilfe von *to do/to be*:
   he sang   _____
   they hike   _____
   Stop talking!   _____
   it is prepared   _____
   I run   _____
   she does it   _____

50 Übersetze nun den Text aus Aufgabe 49 ins Deutsche. Beachte, dass viele Begriffe der Computersprache nicht übersetzt werden!

Englisch-Deutsch

> Wenn beschrieben wird, dass eine Sache sich verändert, wird im Englischen häufig das Verb **to become** verwendet. Denke daran, dass es nichts mit „bekommen" zu tun hat.

| alt werden | to become old |
| reich werden | to become rich |

51 Übersetze:

1. He became older than his grandmother.
2. The faster he became, the longer his steps became.
3. After one hour you become tired, if you learn concentratedly.
4. Do not become negligent just because you have got some experience.

> **Partizipialkonstruktionen** müssen bei der Übersetzung von dir erkannt werden und – meist – in einen Nebensatz aufgelöst werden.

 He did not believe the report shown on TV.
 Er glaubte den Bericht nicht, der im Fernsehen gezeigt wurde.
 They saw the woman crossing the avenue.
 Sie sahen, wie die Frau die Straße überquerte.

52 Übersetze und beachte die Konstruktionen:

1. He addressed the man standing at the busstop.
2. Scratching his head, he thought of his girlfriend.
3. She pitied the victims killed in the plane crash.
4. He read the text written on blue paper.
5. The group supported by him was successful.

Englisch-Deutsch

Die Gerundkonstruktion **to be worth doing s.th.** ist deswegen kompliziert, weil das, was zu tun es wert ist, Subjekt des englischen Satzes sein muss.

> The show is worth seeing.
> Es lohnt sich, diese Show zu sehen.
> Oder:
> Diese Show ist es wert, gesehen zu werden.

53 Übersetze die folgenden Sätze auf Gerundkonstruktion:

1. Foreign languages are worth learning.
2. London is worth travelling to.
3. This museum is worth visiting.
4. This book is worth studying.
5. This team is worth supporting financially.

Nicht selten geht einem Adjektiv ein **Adverb** voraus. Denke dann immer daran, im Englischen auch die Adverbform zu bilden!

beautiful**ly** painted	wunderschön gemalt
nice**ly** put	schön gesagt

And now straight to the next exercise!

Englisch-Deutsch

54 Übersetze diese Ausdrücke:

perfekt geplant
gut organisiert
schlecht gemacht
äußerst interessant
realistisch geschrieben
wirklich gut
unglaublich jung
schnell getan
schrecklich langweilig

55 Übersetze den folgenden Romanauszug:

The Picture of Dorian Gray (excerpt)

"Let us go into the shade," said Lord Henry. "[...] You really must not allow yourself to become sunburnt. It would be unbecoming."
"What can it matter?" cried Dorian Gray, laughing, as he sat down on the seat at the end of the garden.
"It should matter everything to you, Mr Gray."
"Why?"
"Because you have the most marvellous youth and youth is the one thing worth having."
"I don't feel that, Lord Henry."

"No, you don't feel it now. Some day, when you are old and wrinkled and ugly, when thought has seared your forehead with its lines, and passion branded your lips with its hideous fires, you will feel it, you will feel it terribly. Now, wherever you go, you charm the world. Will it always be so? [...] You have a wonderfully beautiful face, Mr Gray. Don't frown. You have. And Beauty is a form of Genius – is higher, indeed, than Genius, as it needs no explanation. It is one of the great facts of the world, like sunlight, or spring-time, or the reflection in dark waters of that silver shell we call the moon. It cannot be questioned. It has a divine right of sovereignty. It makes princes of those who have it. [...] The moment I met you I saw that you were quite unconscious of what you really are, of what you really might be. [...] I thought how tragic it would be if you were wasted. For there is such a little time that your youth will last – such a little time. The common hill-flowers wither, but they blossom again. [...] But we never get back our youth. The pulse of joy that beats in us at twenty, becomes sluggish. Youth! Youth! There is absolutely nothing in the world but youth!"

Oscar Wilde, "The Picture of Dorian Gray" (Auszug), Penguin Classics, 1985, S. 27-28.

Englisch-Deutsch

Übersetzung ins Deutsche

TEST 10

Jetzt kannst du zum Abschluss zeigen, was du gelernt hast. Die Oberstufe ist nicht mehr weit, deshalb versuche dich an einem Text, der am Ende einer zehnten Klasse als anspruchsvoll zu bezeichnen ist. Vergleiche deine Übersetzung mit der Modellübersetzung im Lösungsteil. Viel Erfolg!

Eve's Diary

Thursday

My first sorrow. Yesterday he avoided me and seemed to wish I would not talk to him. I could not believe it and thought there was some mistake, for I loved to be with him, and loved to hear him talk, and so how could it be that he could feel unkind towards me when I had not done anything? But at last it seemed true, so I went away and sat lonely in the place where I first saw him and did not know what he was and was indifferent about him; but now it was a mournful place, and every little thing spoke of him, and my heart was very sore. I did not know why very clearly, for it was a new feeling; I had not experienced it before, and it was all a mystery, and I could not make it out.

But when night came I could not bear the lonesomeness and went to the new shelter he has built, to ask him what I had done that was wrong and how I could mend it and get back his kindness again; but he put me out in the rain, and it was my first sorrow.

Gesamtfehlerzahl

[   ]

Mark Twain, "Eve's Diary" (Auszug).

Testauswertung:

0 – 4 Fehler: Spitze!
5 – 9 Fehler: Du bist gut, solltest dich vielleicht noch verbessern.
10 – ... Fehler: Übe weiter. Du schaffst es bestimmt!

Englisch-Deutsch

V

Die Wörter, die du finden sollst, fangen allesamt mit einem *d* an. Fallen sie dir ein?

1. d_____   opposite of night

2. d_____   something sweet you can eat; it is like a big ring of cake sometimes covered with chocolate

3. D_____   it is a country north of Germany

4. d____   this is what you do when you have a spade and make a hole in the ground

5. d_____   a game you can play with black and white stones with numbers on them, only the same numbers go together

6. d_____   the one who lives in hell

7. d_____   an animal which can bark and does not like cats

8. d_____   a grey animal which can carry heavy things

9. d_____   this is what you do when you stay under water for some seconds

Lösungswort: Das kannst du jetzt vielleicht einmal werden:

2. Wort, 8. Buchstabe	3.W/6.BS	1.W/2.BS	5.W/5.BS	6W./5.B	1.W/8.B	8.W/2.B
___	___	___	s	___	t	___ r

100

Lösungen

T 1

A visit to London
Some years ago Joseph was in London. He visited his friend Sam, who had invited him. The sights they looked at impressed the two of them very much.
Joseph took a lot of pictures. If the weather had been better, the pictures would have become even better. Sam, who is very proud of his capital, showed Joseph a number of museums, about which Joseph always wrote something down.
Joseph was also shown Trafalgar Square and Buckingham Palace. If he came there again, he would take along a better camera. The camera he had with him simply was too bad.

1
1. When he left his hometown, he was 23 years old and had finished his apprenticeship.
2. Above all he wanted to try to go to university in Edinburgh.
3. As the student was always absent without excuse, he was expelled from school.
4. How the burglar could get into the monastery has remained unclear up to today.
5. Abroad it is sometimes easier to get a job.
6. So far nobody has learned where she lives.

2
1. If you went on top of the skyscraper, you would be able to take fantastic photos.
2. I would fly to America if I won a lot of money.
3. If it does not rain this evening, we will not (won't) stay at home.
4. If Jim hasn't booked his holiday yet, he will have to hurry up.
5. Maja was late yesterday. If she had not been late for the interview, she would have got the job.
6. I don't have 20,000 dollars. If I had 20,000 dollars, I would buy a nice convertible.
7. If Peter had paid attention, the accident would not have happened.
8. The car would not have run down the cat if it had run faster.

Lösungen

9. If the train had not been late, we would have arrived at three o'clock.
10. If you did not believe him, you would not do it.
11. If you come to me, I will show you how to bake this cake.
12. If you have read the book, return it to me.
13. The policewoman will not give you a ticket if you are nice to her.
14. If the letter arrived today, I could (would be able to) answer it today.
15. If this youth hostel is full, we will go somewhere else.

3
1. The natural resources we can find on Mars are useless.
2. The blanket we are lying on is very soft.
3. The warning we had heard of was overly justified.
4. The green hedge in our garden, of which we take good care, is full of insects.
5. The desert we are walking through is called Death Valley.
6. My ancestors, who lived in Italy, were called Gucci.
7. The slaves who worked on cotton plantations came mainly from Africa.
8. The poverty that exists in many parts of America must be fought against.
9. This is the grocery store in which I often do my shopping.
10. The reservation, whose inhabitants are American Indians, lies in the north of South Dakota.

4
1. Jack does not like her way of life, which keeps him from living with her.
2. Last year I passed through Mexico, which I liked very much.
3. The Scots will get their own parliament, which I fully support.
4. I saw tears in her eyes, which made me very sad.
5. I do not know what he did.

Lösungen

T 2 **The magicians' meeting**
Several thousand old magicians have come to watch and listen to Celtic musicians from different parts of Great Britain. Most of the old men, who have gathered, say, if the hosts are friendly, they will return the following year. Some Celts from France say they were fascinated by a Belgian band. It really played wonderfully.

When the magicians, who of course never give away their tricks, had had lunch, they went over to Silverstone. If they watch the sunset there, they will have good luck for the following five years and they will not have to be afraid of evil spirits. Nothing disturbed them at the silent celebration, because they all kept the rules.

After that they wandered back to the assembly hall, in which they were invited for supper by the organizers. If they had not been invited, they would have had to go to bed with an empty stomach. Because after 8 p.m. on this holiday honest magicians cannot do magic any more. If you do not believe this story, we would like to invite you next year.

I carry, motorway, No parking, van, emergency, radiator, top speed, ignition, bus, limousine, headlight
Lösungswort: convertible (Kabriolett)

T 3 **Students like tests (examinations)**
There are students (pupils) who always look forward to taking examinations and who are keen on showing the teacher how much they have learned. They must be happy when a translation was similar to the translation they did in class.

In order to get better marks, we prepare the tests carefully. As we know exactly what we must learn, we often get good marks. Yesterday we waited for the teacher to give us the test sheets. We looked at each other hopefully. I said to myself: "Good luck!"

But we were surprised that the Japanese test was more difficult than (we had) expected. We had to write one hundred words about Tokyo, the capital of Japan, although we had hoped to be allowed to report on Nagasaki.

Lösungen

5
1. Five minutes ago he said he would like to have some juice, but for a month now he has only drunk milk. He would also like to have a sandwich. Although he didn't like sandwiches very much, he would nevertheless like to try them.
2. Yesterday I wanted to tell him that he was able to do that tour. He has been practising (has practised) a lot and he is well-prepared. We are starting (will start) the bike tour tomorrow morning.
3. Jake has never forgotten to post his mother's letters. This week, however she is posting them herself, because Jake is (staying) at a summer camp. She is calling *(vorübergehende Gewohnheit → present progressive)* him daily so that he doesn't feel too lonely.
4. Frank's pen-friend in Austria does not stop showing him beautiful mountains every year. This year Frank is sorry to have to tell him that he will not come. He was invited to Australia by his uncle. Frank had forgotten that he had asked his uncle to invite him, because he wanted to improve his English.
5. Every weekend Helen buys interesting books. She has been reading (has read) detective stories for many years now. She says there is no better pastime.
6. Jim has already opened the front door so that Mike can at once carry the shopping bags through the open door into the kitchen.
7. Yesterday I regretted that I as an employer had to dismiss so many employees the day before. Today I regret to have to tell you I will have to sack even more.

6
1e, 2a, 3d, 4c, 5b

a: ... you might get to know nice friends.
b: ... they would have gone out with her.
c: ... you would learn how to operate computers.
d: ... they would be more educated.
e: ... he will always help you.

Lösungen

7

1. Jane was hosted by an Australian family. She came from England and was to spend half a year on the Fifth Continent. She said to the family, consisting of the parents and their daughters Sally and Sue, that she liked the comprehensive school very much.
2. In the beginning, however, she also said that she was homesick and that she thought of her home very often. She stressed over and over again that she liked the beaches of Sydney and that she enjoyed taking advantage of the sun for sunbathing.
3. Yet due to the ozone hole she had to apply tanning cream with a high protection factor to her skin. And she often complained that this sun tanning cream was very expensive.
4. Once she said she had discovered a shop where the cream was a bit cheaper, but she believed that its quality would not meet the standards.
5. She told Sally that it was really a pity that environmental pollution had such disastrous consequences. She wondered why the industrialised nations of the world were not able to reduce the greenhouse effect and (to reduce) the output of CFCs drastically.
6. It had to be possible to keep up the standard of living without destroying the living conditions of mankind, she demanded.

8

1. Could the words have been better pronounced by him?
2. The majority of Americans is well informed.
3. The ocean was churned (whipped up) by the stormy wind.
4. Last year great ideas were produced by scientists.
5. The black boots will be polished by Emily.
6. The underground has (already) been closed down for three days.
7. Lots of crimes are solved by detectives.
8. The Welsh dialect cannot be understood by everybody.
9. Jim was told to mail the letter to Japan.
10. The car could have been repaired by her.

Lösungen

T 4

A journey into Egypt's past

How would the Egyptians have lived, if they had had our machines? Imagine what their life looked like. It was not as easy and comfortable as ours in the twentieth century. They had to do physically harder jobs than we have to. Just think of the highest buildings of the world in those days, the pyramids. While these gigantic monuments were being built, more slaves died than in some wars of the middle ages. I hope you do not think that they only constructed pyramids. They even built wider bridges across the Nile than any other people had dared (to build) before.

The Egyptians were able to civilize the wilderness and to afford agriculture and cattle breeding. Unfortunately, the pharaos tormented a lot of slaves by planning more and more new pyramids. They also built them farther and farther away from the capital.

Only few inhabitants could have a good time. They belonged to the upper class. The slaves were not treated like human beings. Life was only pleasant for the citizens who were nearest to the gods – and those were the people around the pharaos.

II

vinegar, egg, appetite, lemonade, cherry, USA, tea, lemon, excellent, toast; *Lösungswort:* veal cutlet (Kalbsschnitzel)

T 5

The archeologist

As a child my neighbour Ben dreamt of finding ancient kings' secret treasures some day. He had read lots of books and loved the legends reporting about (that reported about) great deeds and exciting stories.

After leaving school (After having left school, After he had left school), Ben decided to study archeology and went to university. He was not excited about attending the theoretical courses. His interest led him to excavations luring him to Great Britain after his university years.

He was fond of digging out the relics of the tribes having settled there (that had settled there). By the way, the Romans never succeeded in submitting the Celts in the north of the island and in occupying their settlements. They avoided fighting against the barbarians and erected a wall – Hadrian's Wall.

Lösungen

Only yesterday Ben told me that he had been right to enter upon this career. He was still convinced that these excavations were worth carrying out. He expected to make a spectacular find next year.

9 a technician, wanted advertisement, vacancy, on the dole, work overtime, trade union, job, employer, enter upon the career, application, letter of recommendation, salary, income

10
1. The computer course was more interesting than Manfred had expected.
2. Unexpectedly, Mirinda returned from London. Unfortunately, her husband had not prepared anything yet.
3. The author's new story was interestingly narrated.
4. The well-known athlete will hold an autograph hour at the department store tomorrow. Those interested are to meet at 2.00 p.m.
5. Peter sat in his car thinking about his next trip abroad.
6. The surrounding villages are much more interesting than the metropolis itself. The strikingly well-educated children there are extremely hospitable and readily show every visitor the professionally restored churches and museums. In the thoroughly cleaned restaurants you get a good meal.
7. Jim seemed tired. He had already looked very exhausted after the last leg. He sat on his saddle cycling thousands of kilometers (in order) to consistently get closer to the finish of the tour. He was annoyed, because his teammates had not helped him. He felt let down by his supporters, he said in an interview. This statement seemed exaggerated, although Jim had always been realistic.
8. Jenny came running into the room asking everybody to listen to her carefully.
9. She lay thinking concentratedly about her future.
10. The neighbour stood in his garden listening to the grumbling of the thunderstorm. The weather really looked threatening.

11   1f - 2d - 3e - 4a - 5b - 6c

Lösungen

12
1. Let me help you. French is not so difficult. You will have a good mark in the next test, if you have the grammar explained to you (by someone).
2. A lot of craftsmen have errands done by apprentices. It would be much better if they let their journeymen teach the apprentices something useful.
3. The policeman made the suspects line up with their faces to the wall. Then he made them kneel down.
4. Michael's parents let us do almost anything when we spent our holidays at the wonderful North Sea coast. They let us go to the town and stroll through the shopping centre, they let us go boating and they let us go to a volleyball tournament. Yet with one point they were strict: they always had us be back home at ten in the evening.
5. Frank had his house built by a famous architect.
6. Do not keep me waiting in this terrible hall for so long!
7. He left the children unattended in the playground.
8. Every morning he sent the children shopping.
9. I felt the insect crawling over my forearm.
10. I noticed her enter(-ing) the house.

13

doing, make, do, Make, make, do, make

14
1. (After) Having opened a business of their own, the Smiths were very hopeful. With the banks having been supportive (helpful), the family had succeeded in taking this courageous step into a possibly better future.
2. A lot of people living outside the quarter did not shun the long distance to get to the shop.
3. Jessica, whose room lies on the second floor, could see the solid rubber ball flying through the air and landing in the shop window.
4. This ball (having been) hurled by the youths destroyed lots of precious vases displayed in the shop window and meaning a lot to the family, because they were old heirlooms.

Lösungen

5. So when these vases broke into pieces, Jessica's father woke up and, puzzled, ran into the shop.
6. Seeing the chaos there, he started to cry. Shocked he stood in front of the broken pieces.
7. Although knowing of course that the police would protect him, Mr Smith was frightened. With these drunken boys still dancing around on the pavement, he felt threatened.
8. (When) Having himself under control again, he went to the living room and called the police, who arrived at his house within less than five minutes.

15

1. Soo Wong is a sensible Thai girl, who always smiles politely and avoids admitting that she understands her classmates' nasty words.
2. Why do all those boys and girls not stop laughing about her, even when they are outside the school building and have their free time?
3. A lot of American children are prejudiced. They enjoy making Asian children feel (that) they are not welcome.
4. A lot of Asians, however, mind returning home, because their home has stopped being their home.
5. Only yesterday Soo met a classmate on her way home. He stopped to ask her stupid questions.
6. She risked asking him some questions herself. Suddenly he appeared to begin to think about it.
7. When they parted, he apologized for having been so rude to her.
8. She tried to call him in the evening. She can still remember being very nervous when talking with him.
9. They agreed to meet the next day and to go to the cinema together. She did not forget to remind him of the arrangement once more the following day.
10. She never regretted going to the cinema with him.

Lösungen

16
1. On seeing Verena, Dan knew how much he liked her.
2. In spite of not knowing her, he talked to her.
3. Because of not wanting to leave the party, he called his parents.
4. Sam was angry at (on) seeing Raoul sitting in the café.
5. After eating the eggs he drank the hot coffee.
6. Yesterday he had a heart attack from (because of) always smoking so much.

17
1. He must fly to Birmingham.
2. She had to fly to Birmingham, too.
3. They must have flown to Birmingham.
4. They had to have flown to Birmingham.
5. We were not allowed to help him.
6. He could not be helped.
7. The house must be built quickly.
8. The house must have been built quickly.

18
1. It is important for young people to have funny parties.
2. The music is not loud enough for the guest to hear.
3. There are enough peanuts for you to eat.
4. Mother hates my guests to be so loud (noisy).
5. Now it is time for the people to go home.
6. A lot of people like to solve (to do) crossword puzzles.
7. It is not surprising (astounding) for us to find out that detective stories are very popular in Great Britain.
8. I'd like you to read a novel.
9. Harriet wants Jim to make more salad.
10. She showed us how to lock the door (leading) to the backyard.
11. Do you know how to handle a lawn mower?
12. Have you already learned how to operate a computer?
13. It is really very important for you to fix (to repair) the tape recorder.
14. It would be better for the little boy not to play with the knife so often.
15. Sarah has brought some CDs for your guests to listen to.
16. He told me when to call him.
17. Jeremy's mother was not the only one to lose her job (place of work).

Lösungen

18. Any worker could have been the first to lose his job.
19. Lots of companies do not sell enough goods (products) to create new jobs.
20. To begin with, friends, we must raise the production. To cut a long story short, our jobs are at stake.
21. The sponsors hope to motivate people to buy their products.

19
a. Can you (Do you) remember when we met for the first time?
b. Remind me of the bag when we return (come back).
c. Remember me to Helena. I am sure she can still remember (recall; recollect) us meeting last summer.

20
a6, b3, c1, d2, e4, f7, g5

21
1. She was the only person (one) to help (support) us.
2. Is there a room here to change clothes in?
3. Canada is a country to travel to.
4. Mrs Winterbutton is the woman to talk to at this school.
5. Martin Luther King wanted the Blacks to fight for their freedom without violence (non-violently, peacefully).
6. They were to demonstrate for their civil rights in the streets and to tell the Whites that they refused to give up.
7. In Malcolm X's opinion, however, they were (supposed) to use (apply) violence.
8. The assassination of Martin Luther King is said to have stopped a positive development.
9. Our boss warned us not to come late to the office again.
10. Have you got a piece of paper for me to write on?

22
to find, reading, to read, him reading, to take, seeing, to read, standing, using, to stay, to go, posting

Lösungen

23 **Chavin's rebellion**

Chavin finally wanted to have an apartment of his own. He was envious of many friends of his already having one. His parents accused him of being too egoistic. And that he forgot that he would then be responsible for paying the rent on time. He did not object to facing that duty.

Chavin was tired of having to give account of what he did to his parents. He was fond of going out with his friends spontaneously and, of course, he was interested in staying out as long as he wanted. He was looking forward to earning money of his own and finding a job that he liked and that earned him the money he needed to pay the rent and many other things.

His parents, however, insisted on him staying at home. They were still responsible for educating him, until he was of age. He was glad about his parents bringing up this topic, because he would soon turn eighteen.

Certainly Chavin would have despaired of it lasting much longer. He thanked his parents for their reasonable point of view and explained to them that he was far from moving out at once. He knew that he was capable of waiting another six months.

T 6 **Jim's trip to London**

Jim likes reading comic books. For this reason his friend Jack was very surprised yesterday about him winning the tennis match against him. He said he could not fancy him being so good with him always reading these funny books.

Jack said he believed it was worth (while) reading these books, because one never lost one's sense of humour. He was not afraid of having another match with him, as (because; for) he always practised playing tennis.

Lösungen

(When) Noticing that Jack was not angry at having lost against him, Jim thought by himself that he was the right man to go on a trip to London with. Without waiting any longer, he called him and asked him if he felt like travelling to London with him.

Although just preparing his final examinations / In spite of just preparing his final examinations, he said, without thinking about it much, that he was very interested in taking a closer look at London. Travelling was one of his favourite hobbies. And London was still missing in his collection!

III At the airport you can meet lots of people from foreign countries.

T 7 Mirko went to Wales (in order) to improve his English. His parents had had the idea to organise (of organising) this. They had to get in touch with an international organisation that had its seat in Brussels. They had to go there to present themselves with Mirko.

Unfortunately it was not possible for Mirko to stay in this country for more than four weeks. The manager in Brussels, however, said, that it was not likely to be a big problem to find a family to take him on for this short period of time.

Mirko quickly adapted to his new environment and made a lot of friends in no time. Francine, one of the daughters of the Carlow-family, said he could come to her at any time. If he had any questions, her father was the right man to talk to.

24
1. His behaviour was very friendly.
2. Rain is likely.
3. He betrayed his friends in a cowardly way.
4. They discussed the problem in a lively way.
5. She looked at him in a lovely way.

Lösungen

25
1. Jolene is his only pretty daughter. Yet she is pretty boring and knows only one thing: her books.
2. Please sit still. Santa Claus is still outside in the hall.
3. He is fairly (pretty) well again. He can read well again.
4. Sandra is ill. Fortunately (Luckily), the hospital is not ill-equipped.
5. She was clean out of money (broke). But she had a clean slate.
6. We are to watch closely. This unpleasant person stands too close to our car.
7. The price for the used car was fair, but it was fairly (pretty, rather) high.
8. Geoffrey found it hard to get along with his new boss. Yet he had hardly spoken with him.
9. Last night the bus was late again. This has happened fairly (pretty, rather) often lately.
10. The day before yesterday I nearly fell down the cliff. I simply went too near (too close to) the precipice.
11. He always cuts me short, whenever I talk. But shortly I will talk with him about this problem.
12. The weather appears (seems) to get better tomorrow. I'd like to go skiing tomorrow. I expect that tomorrow there will not be too many people on the road.
13. She used to go for a walk every afternoon.

26
1. The scenery is much nicer when it has snowed (has been snowing).
2. Although he was younger than you he wanted to become a painter.
3. It is easier for you to call Jimmy. I do not know him at all.
4. Of course, life in a little village is much quieter (calmer) than life in a hectic city.
5. This painting is as nice as the scenery itself.
6. The noise of the cars is more enervating than I had thought.
7. Lots of pop singers are more popular than some politicians.
8. Al must carry the heaviest box (case) – he is stronger than me.

Lösungen

27

1. The last king owed some bankers more money than he could ever pay back.
2. Mr Meier's eldest son is older than you.
3. My elder sister can get along with less money. However, she has to buy cheaper food.
4. "Last but not least I would like to speak about the rising prices", said the president in his latest speech.
5. Few bosses know what their employees do in private life.
6. After the war of independence the former colonies had little money to build roads.
7. Further uprisings would have considerably reduced the stability of the state.
8. The nearest restaurant is about 200 meters from this junction.
9. The next Latin teacher is perhaps a bit friendlier than the last one we had.
10. The oldest cathedral we could find in this area was more than 500 years old.

28

1. The car accident happened about three years ago. She had just bought herself a new convertible. She hurt herself badly in the back when she flew out of the car, because she had not buckled up. At first her state of health improved almost daily. But in the meantime it has rather deteriorated. The doctors wonder why the healing has not developed better.
2. Before the interview Mike talked to himself. He kept telling himself that he did not have to hide his abilities. Eventually he introduced himself to the staff manager and presented himself extraordinarily well. After that he was proud of himself.
3. The conversation between the two opponents developed splendidly. At first they told each other what they thought of one another. Then the ice broke and they could even tell each other jokes. When they parted, they had a totally different picture of one another.
4. Linda washed quickly, dressed and went on her way to work. When she saw Fred, she hid behind a maple tree. She did not want to meet him. She did not feel like talking to him.
5. "Feel at home", Geoffrey said to his colleague at work. "I want you to feel good, for we must concentrate on this job."

Lösungen

29
1. They watched the environment very closely and were always on the lookout.
2. He lived in the country and he could take some change for certain.
3. Send me your book by post (mail). That works fastest.
4. He took *his child* by *the* hand and led it (her, him) straight into the kindergarten.
5. She is just talking to Martin on the phone.
6. Sam looked her in the face and knew what the matter was.
7. There were a lot of people in the street.
8. Last year we bought the tickets at the station.
9. Somebody knocked at the door, opened it and came in.
10. She walked by me as if she did not know me.
11. It is fun throwing snowballs at teachers.
12. He has been (living) separate from his children for three years now.
13. In the picture you could see the mountain peak well.
14. You could see three airplanes in the sky.

30
1. He still knew a lot of Italian words from memory.
2. He urgently desired (wished) to enter the jungle soon.
3. At Christmas our family always meets at home.
4. Be there on time!
5. Little by little, Denis improves his performances.
6. At present he does not feel well.
7. He was eating and reading at the same time.
8. On this occasion I asked him how old he was.
9. By night owls can see very well.
10. I never read the newspaper in the morning.

31
1. Frank has (got) no beverage with him. He will be very thirsty.
2. For this reason Frank Silver is very popular with the girls.
3. Dear pupils, please, listen to me, if I explain something to you. To my knowledge you all still have a want of reasonable explanations with regard to these mathematical problems.
4. Yesterday he did not trip you on purpose. It happened by mistake.
5. He knew that he had to defend himself from the virus in this way.

Lösungen

6. For fear of being discovered, he pretended to be deaf.
7. The music really isn't to my liking.
8. In a word, we must finance the company in a different way.
9. This red coat does not only differ from the blue one in terms of quality.
10. The thief entered the house by force. By the way, he used a stone for it.
11. He was all by himself when he decided on emigrating to Canada. By no means (On no account) did he want to stay in his mother country any longer. He was sick (weary, tired) of it. All the people here were (Everybody here was) so stubborn and narrow-minded. There he would also be able to sell his products by the thousand.

32

1. The industrial magnates are to see to it that environmental pollution is limited.
2. We thought nothing could happen to him. But in this respect we had been mistaken.
3. The athlete was totally weak from thirst and hunger and urgently needed an infusion. For this reason he was taken to hospital at once.
4. He did not find the key. Soon he was stiff with cold.
5. We congratulate you on winning that race.
6. He has always been envious of you. He is likely to die of envy some day. At any rate, I am weary of this business.
7. I am afraid of telling him the truth. In the last few weeks he has been very suspicious of me. I am innocent of his despair.
8. We must protect the child from the terrible cold.
9. I do not blame you for our argument. Yet I do not know how to solve it.
10. At present, Michael is not bad at geography. I am not surprised at his progress very much.
11. I only know her by sight. I often see her when I am shopping.
12. If you learn these words by heart, the teacher will praise you tomorrow.
13. You mustn't judge by appearances alone. The inner values of a human being are equally important.

Lösungen

33

1. Pete wondered whether he was allowed to turn on the TV.
2. He informed himself about how to get to Liverpool fastest. (… about how he could get …)
3. He talked about how to raise the profits of his company. (… about how he would …)
4. He discussed the problem of where to wash his laundry. (… of where he should wash …)
5. Finally he decided on which applicant to choose. (… on which applicant he should choose.)
6. I will not argue with you about who I will marry. (… about who to marry.)

T 8

The killer who is only sorry for (who only regrets) the betrayal

Sometimes you meet one of these Irish storytellers, and if you let Eamon Collins have his way (head), he would never stop (come to an end). Never would he get to the point of interest of here and now, never to what concerns him. Together with his wife, the children and two dogs, Eamon Collins lives on the outskirts of Newry, and only one mile further south you would be in the Irish Republic. Collins's stories, if you just let him go (tell), always start in the past century or even earlier, deal with his own family history, which is also Irish history.

To his former comrades – as a former Marxist he still uses the old-fashioned word – he is the traitor, the informant, a supergrass, (a term) which can hardly be translated and which has overtones of an insurmountable contempt. But before (that) he was a killer in the service of the IRA, without ever pulling the trigger himself, a murderer who showed others where to place (put) the bomb. As any IRA-man he had his own, ever-recurrent reasons to hate the British.

When he finally joined the IRA, having gone wrong Marxist ways at university, which he left without a degree, he had piled up sufficient (enough) hatred (hate). The hunger strikers in the special (detention) camps for terrorists had tipped the scales (had decided the issue). He believed that he saw a revolutionary potential within (in) the IRA, a li-

Lösungen

beration army. To join the IRA was most simple, perhaps more simple than to enlist at the recruiting office of the British Army. Everybody knows the people in the district who are part of it. Moreover (Besides), it happened by coincidence (chance) that Collins had just been employed as a customs officer. He had applied for the job, because he finally wanted to be able to afford a few more books. He was a direct hit for the organisation. At the customs post he was (supposed) to meet his first victim.

Ivan Toombs, the head of the post, was a reserve major of the Ulster Defense regiment in his second profession. He had been promoted out of his turn after he had survived an IRA attack. They had shot at him, Collins knew that a cousin of his (!) had taken part (participated) in it. Collins speaks very highly of Toombs, especially about how professional the major had been. A dyed-in-the-wool (ingrained, thorough) soldier. Always came a different way to the post, once on foot, once by car, once on his own (by himself), once with colleagues, worked three days in a row or only once (one day) a week, made no mistake. But that there was a spy among his people. After the security (standards) of the station had been improved at the expense of 200,000 pounds, somebody said: "Nobody will get in here." Little Sorcha, Collins's daughter, has difficulties calculating. With a great deal of patience the two of them solve a problem, twenty-four divided by three. Toombs had little children, too.

Toombs made no mistakes, except (for) one. Once a month the major made (!) tea for his colleagues, fried some sausages, every Friday at eleven o'clock. The killers came (arrived) one minute past eleven. Some day his own killer might (could) come, but now (at present), during the peace process, that is less likely to happen. He is a man full of contradictions, who, at times (sometimes), still feels ashamed of (feels shame at) what he did. Not (He does not feel ashamed) of the murders, but "that I betrayed my comrades."

Lösungen

IV

Across
1. shop
3. joy
7. magazine
8. type
11. ill
12. ink
14. pile
16. advertise
18. column

Down
2. print
3. joke
4. you
5. drawing
6. headline
7. mail
9. page
10. edition
13. kit
15. line
17. saw

T 9

In dieser Reihenfolge im Text: shade (Schatten), yield (nachgeben), rot (verfaulen, verrotten), wasted (vergeuden, verschwenden), frowned (die Stirne runzeln), haunted (von Geistern heimgesucht sein), failed (versagen), limbs (Glieder), wrinkles (Falten)

34

1. narrativ: Passage aus der Erzählung in einem Kinderbuch
2. deskriptiv: Beschreibung einer Kaffeetasse
3. expositorisch: objektive Darstellung eines komplizierten Sachverhaltes, hier der Idee der Demokratie
4. argumentativ: Auszug aus einer Rede eines Politikers
5. instruktiv: Anweisungen zur Benutzung eines Walkman

35

1. lustig: Ein Schüler erzählt von seinen „lustigen" Streichen.
2. ironisch: Ein Schüler berichtet von seinem Lehrer, bei dem er eine 6 schrieb, und sagt genau das Gegenteil von dem, was er über ihn denkt.
3. emotional: Es handelt sich hier um eine romantische Beschreibung einer Landschaft, die angenehme Erinnerungen in dem Schreiber weckt.
4. suggestiv: Der Schreiber dieser Zeilen versucht unterschwellig, dem Leser mit beiläufigen Argumenten zu suggerieren, dass er aus eigenem Interesse mehr lesen solle.
5. ernst: Die ernste Lage von Magdalena wird in ernstem Ton beschrieben, das heißt, es wird sachlich zusammengetragen, was alles zu ihrer misslichen Lage geführt hat. Die ernsthafte, besorgte Frage danach, wie es weiter gehen soll, wird gestellt.

Lösungen

36 *Großbritannien ist ein traditionsreiches und sehr stolzes Land.*

Erklärung: „... ein Land von langer Tradition ..." wäre wörtlich genauer, klingt aber im Deutschen umständlich, wenn auch nicht unbedingt falsch; daher ist das vorgestellte Adjektiv „traditionsreich" vorzuziehen. Dasselbe gilt für ... *a lot of pride* ...: „von viel Stolz" klingt schlechter als „sehr stolz".

Es war früher das einflussreichste Land der Welt und sein Reich bedeckte im 19. Jahrhundert mehr als ein Viertel der Erdoberfläche.

Erklärung: *It used to be ...* zu übersetzen mit „Es pflegte zu sein ..." klänge altmodisch und verstaubt. Deshalb verwenden wir das Adverb „früher". Im zweiten Teil des Satzes muss die Zeitangabe „im 19. Jahrhundert" hinter das Prädikat vorgezogen werden, um der deutschen Satzstellung Genüge zu leisten.

Nach heutigen Maßstäben ist es allerdings eine Nation, die ihre Führungsstellung an die USA abtreten musste.

Erklärung: *... of today ...* wird als Adjektiv mit „heutig" vorgezogen. „Standards" wäre im Deutschen auch verständlich, doch mit „Maßstäben" liegt ein gleichwertiges Wort vor, welches in einem solchen Fall vorzuziehen ist. *... having had to ...* ist ein Partizip Präsens Aktiv, das hier in einen Relativsatz aufgelöst wird: „... die ... musste." *top position* wäre mit „Führungsposition" ebenfalls adäquat übersetzt und kein Verstoß gegen die Genauigkeit der Übersetzung.

37 urban, male, Japanese, royal, biological, American, rural, female, French, lazy, chemical, German

38 dictation, effort, operation, average, Roman

Lösungen

39

Lieber Stephan,
hallo, wie geht es so? Ich heiße Carl Mikes, und du wirst bei mir zu Hause (in unserem Haus) wohnen, wenn du in die USA kommst. Zuallererst beantworte ich eine große Frage. Ja, du wirst hier in den Staaten dein eigenes Zimmer haben. Das wäre also abgehakt. Ich bin 1,85 m groß, 14 (Jahre alt), und ich habe einen jüngeren Bruder, der bisweilen sehr nervig sein kann, aber er weiß, wer das Sagen hat.
Wenn du in Blackpool ankommst, wird meine Volleyball-Saison vorbei sein, und das Ringen hat noch nicht angefangen. Somit wird die Zeit nach dem Unterricht ziemlich ruhig verlaufen. Außer den Sportarten, die ich für meine Schule betreibe (spiele), gefällt mir noch Wandern und Zelten, Ski fahren und Football spielen. Was den Profisport angeht, so bin ich ein großer Anhänger der Buffalo Bills im Football und der Boston Red Sox im Baseball. Mit Basketball beschäftige ich mich nicht so sehr, weil ich darin nicht gut bin, aber es macht Spaß, dieses Spiel anzuschauen. Andere Hobbys von mir sind Lesen, meinen Freunden schreiben und Musik hören. Ich habe fast immer das Radio an, wenn ich in meinem Zimmer bin. Was die Musikrichtungen angeht, so scheine ich denselben Geschmack zu haben wie einige andere Schüler deiner Schule. Meine Lieblingsgruppen sind die Smashing Pumpkins (vor allem), Live, Oasis und R.E.M.
Mein Unterricht beginnt um 7.40 Uhr und endet acht Schulstunden später um 14.07 Uhr. Meine Lieblingsfächer sind wohl Sozialkunde, Erdkunde und Englisch. Französisch kann ich nicht ausstehen, weil mein Lehrer sehr seltsam ist. Ich habe ein paar Freunde in allen Klassen (Kursen), deshalb ist auch Französisch gar nicht so übel.
Nebenbei bemerkt, ich habe einen kleinen Dackel mit dem Namen Oscar Mayer, nur damit du Bescheid weißt, bevor du hier ankommst. Wenn du etwas über die USA, Blackpool oder unser Haus wissen oder einfach nur plaudern willst, erreichst du mich unter der obigen Adresse und Telefonnummer. Ich würde dir aber raten, E-Mail zu benutzen, weil ich es schneller bekomme als eine Nachricht in Briefform (und es ist billiger, als anzurufen). Du kannst mir unter der Nummer (234) 567-8910 auch etwas faxen. Ich hoffe, bald von dir zu hören und dich im Oktober kennenzulernen.

Mit freundlichen Grüßen   Carl

Lösungen

40
Textart: deskriptiv (expositorisch)
Textform: persönlicher, privater Brief
Stil: neutral (informal)
Ton: nüchtern, zum Teil ironisch, spöttisch

41
to stay at someone's house
to have one's own room
to be in charge
to be done with s.th.
just as a little note
weird
periods

42
the Boston Red Sox French

43
present participle: going, staying, annoying, Smashing
gerund: wrestling, reading, writing, listening, using

44
go; stay; annoyance; smash/smasher

45
1e, 2k, 3f, 4b, 5l, 6c, 7m, 8o, 9d, 10p, 11g, 12n, 13h, 14a, 15i

46
a. Sie versuchen vielleicht, ihre Leistung zu verbessern.
b. Das Wetter wird morgen vielleicht schön sein.
c. Vielleicht lernt er oben in seinem Zimmer.
d. Sie hat es vielleicht zweimal probiert, aber anscheinend ohne Erfolg.

Lösungen

47
1. Then he did go home.
2. He does want to help them.
3. Do believe me!
4. Do let us go!
5. Do be careful!
6. He did catch the fish in a lake close to Exeter county.

48
1. Anyone
2. Everyone
3. everyone
4. anyone

49
1. Textart: expositorisch, narrativ (zum Teil argumentativ und expositorisch)
   Textform: Report (Bericht)
   Stil: neutral
   Ton: nüchtern, sachlich, ernsthaft (Tod) mit heiterem Hintergrund

2. to decide: decisive
   to think: thoughtful, thoughtless, thinking
   to promise: promising
   a creator: creative, creational
   to receive: receptive, receptible
   to provide: provisional, providential, provisory
   a friend: (un-)friendly
   the carve: careful, careless

3. 1c, 2a, 3d, 4b

4. ... the subscription fees *are being paid*.
   ... companies *do promise* ...

5. he *did* sing   It is *being* prepared
   they *do* hike   I *do* run
   Do stop talking!   She *does* do it

Lösungen

50 **Ich bin nicht tot, ich bin beim Surfen**

VIELLEICHT haben Sie ein Testament gemacht und entschieden, wer Ihr Hab und Gut erhalten wird, aber haben Sie darüber nachgedacht, wer sich um Ihre Website kümmert, wenn Sie sterben? Viele Homepages sind wirklich liebevoll gestaltet. Oft aktualisieren ihre Besitzer die Seiten regelmäßig und entwerfen sie neu. Firmen, die Internet-Anschlüsse anbieten, stellen normalerweise Raum für die Websites, die von ihren Abonnenten hergestellt werden, zur Verfügung, aber die Seiten können nur so lange überall auf der Welt eingesehen werden, wie Abonnementgebühren bezahlt werden.

Sobald die Zahlungen eingestellt werden, werden die Seiten wahrscheinlich eingemottet, und nach zwölf Monaten wird die Firma die Site-Adresse wahrscheinlich neu vergeben. Internet-Adressen können sofort weggeschnappt werden, wenn die Meldegebühr nicht mehr eingeht. Einige kleine Firmen, die Internet-Anschlüsse anbieten, versprechen zwar durchaus, dass sie Websites zeitlich unbegrenzt zur Verfügung halten, aber das ist oft sehr kostspielig und erfordert schwierige Zahlungsvereinbarungen wie zum Beispiel Treuhandfonds.

Aber noch ist nicht alles verloren. Hilfe ist erhältlich von Afterlife, einer Organisation auf freiwilliger Basis, die gegründet wurde, um sich um Websites zu kümmern, wenn ihre Schöpfer verschieden sind. David Blatner rief diese Organisation ins Leben, nachdem ein Freund ihn darum gebeten hatte, sich nach seinem Tod um seine Website zu kümmern. Blatner sagt, die Website eines Menschen spiegle wider, wer er ist und was er mit der Welt teilen will.

Blatner hat einige Freiwillige gefunden, die sich der Websites annehmen, die Afterlife übergeben wurden. Gegen eine sehr geringe (rein symbolische) Gebühr kümmern sie sich um eine Website, sagt Blatner. „Wir wollen das jedermann ermöglichen", sagt er. Die Freiwilligen wollen ebenfalls sicher stellen, dass die Seiten von jedweder neuen Web-Technologie, die auf den Markt kommt, gelesen werden können. Eine (Vertreiber-)Firma von Internet-Anschlüssen hat der Organisation schon Serverplatz eingeräumt.

Lösungen

51
1. Er wurde älter als seine Oma.
2. Je schneller er wurde, desto länger wurden seine Schritte.
3. Nach einer Stunde wird man müde, wenn man konzentriert lernt.
4. Werde nicht nachlässig, nur weil du etwas Erfahrung hast.

52
1. Er sprach den Mann an, der an der Bushaltestelle stand.
2. Während er sich am Kopf kratzte, dachte er an seine Freundin.
3. Sie bedauerte die Opfer, die beim Flugzeugabsturz umgekommen waren.
4. Er las den Text, der auf blauem Papier geschrieben war.
5. Die Gruppe, die von ihm unterstützt wurde, war erfolgreich.

53
1. Es lohnt sich, Fremdsprachen zu lernen.
2. Eine Reise nach London lohnt sich.
3. Dieses Museum ist einen Besuch wert.
4. Das Studium dieses Buches ist lohnenswert.
5. Diese Mannschaft verdient es, finanziell unterstützt zu werden.

54
perfectly planned, well organized, badly made, extremely interesting, realistically written, really good, unbelievably (incredibly) young, quickly done, terribly boring

55

Das Bildnis des Dorian Gray (Auszug)

„Lassen Sie uns doch in den Schatten gehen," sagte Lord Henry. „[...] Sie dürfen es wirklich nicht zulassen, dass Sie einen Sonnenbrand bekommen. Das würde Ihnen nicht gut stehen."
„Was kann das für eine Rolle spielen?", rief Dorian Gray lachend, als er sich am Ende des Gartens auf die Bank niederließ.
„Das sollte die allergrößte Rolle für Sie spielen, Herr Gray."
„Warum?"
„Weil Sie die wundervollste Jugend besitzen, und die Jugend der wertvollste Besitz ist, den es gibt."
„Das Gefühl habe ich nicht, Lord Henry."
„Nein, im Augenblick nicht. Aber eines Tages, wenn Sie alt sind und faltig und hässlich, wenn das Grübeln seine Linien in Ihre Stirn gesengt hat und die Leidenschaft sich mit ihren abscheulichen Feuersbrünsten in Ihre Lippen eingebrannt hat, dann werden Sie es spüren, Sie werden es

Lösungen

entsetzlich spüren. Jetzt bezaubern Sie die Welt, wohin auch immer Sie gehen. Wird es immer so sein? [...] Sie haben ein wunderbar schönes Gesicht, Herr Gray. Runzeln Sie nicht die Stirn. Haben Sie. (Es stimmt.) Und Schönheit ist eine Form von Genie – sie ist sogar höher anzusiedeln als Genie, denn sie bedarf nicht der Erklärung. Sie stellt eine der großen Tatsachen dieser Welt dar, wie das Sonnenlicht oder die Frühlingszeit oder das Spiegelbild dieser silbernen Muschel, die wir den Mond nennen, auf dunklen Gewässern. Sie kann nicht in Frage gestellt werden. Sie hat ein göttliches Recht auf unumschränkte Herrschaft. Diejenigen, die sie besitzen, macht sie zu Fürsten. [...] Sobald ich Sie kennenlernte, erkannte ich, dass Ihnen gar nicht richtig bewusst war, was Sie in Wirklichkeit sind, was Sie in Wirklichkeit sein könnten. [...] Ich dachte mir, wie tragisch es wäre, würden Sie verschwendet werden. Denn Ihre Jugend wird nur kurze Zeit anhalten – so kurze Zeit. Die gemeinen Bergblumen verwelken, aber sie erblühen auch wieder. [...] Wir aber bekommen unsere Jugend niemals zurück. Der Puls der Freude, der in uns schlägt, wenn wir zwanzig sind, wird schleppend. Jugend! Jugend! Es gibt auf der Welt überhaupt nichts anderes als Jugend!"

T 10 **Evas Tagebuch**

Donnerstag

Mein erster Kummer. Gestern mied er mich und schien zu wünschen, ich würde ihn nicht ansprechen. Ich konnte es einfach nicht fassen und dachte, es liege ein Missverständnis vor, denn ich liebte es, mit ihm zusammen zu sein und ihn sprechen zu hören und wie konnte es dann nur sein, dass er mir unfreundliche Gefühle entgegen bringen konnte, wo ich doch gar nichts getan hatte? Aber schließlich schien es sich genau so zu verhalten, also ging ich weg und saß einsam an dem Ort, wo ich ihn zum ersten Mal sah und nicht wusste, was er war, und deswegen gleichgültig ihm gegenüber war; aber jetzt war es ein trauriger Ort, und jede Kleinigkeit erinnerte an ihn und mein Herz war wund. Den Grund dafür kannte ich nicht genau, denn es war ein neues Gefühl. Ich hatte damit vorher keine Bekanntschaft gemacht, und es war alles ein großes Geheimnis. Ich konnte mir überhaupt keinen Reim darauf machen. (Ich wurde nicht klug daraus.)

Lösungen

Doch als die Nacht anbrach, konnte ich die Einsamkeit nicht mehr ertragen und ging zu dem neuen Unterschlupf, den er gebaut hat, um ihn zu fragen, was ich Falsches getan hätte und wie ich es gutmachen könnte und seine Freundlichkeit zurückerlangen; aber er schickte mich hinaus in den Regen, und das war mein erster Kummer.

v 1. day, 2. doughnut, 3. Denmark, 4. dig, 5. domino, 6. devil, 7. dog, 8. donkey, 9. dive
Lösungswort: Translator (Übersetzer)